通过网络空间与物理空间(现实世界)的融合走向以人为中心的社会

支持人生100年时代的居住环境——与人类相伴的守护机器人(第5章-02)

居民主导的超级智能社会——拓展居民可自主选择的移动服务

资料来源:株式会社日立制作所东京社会联创中心

迈向应用城市的数据化和网络空间的数据驱动型规划

构想未来城市的数据驱动型平台接口——City Scope（第 5 章 –04）

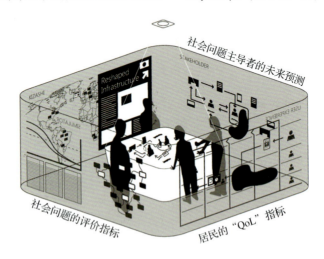

在网络空间规划城市交通基础设施（第 5 章 –04）

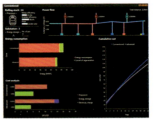

能源消耗影响的实时监测

资料来源：株式会社日立制作所东京社会联创中心

社会5.0

以人为中心的超级智能社会

日本日立东大实验室 著
(H-UTokyo Lab.)

沈丁心 译

Society 5.0

人間中心の超スマート社会

本书介绍了社会 5.0 的理念、体系和发展模式,阐述了如何应用人工智能、大数据分析等技术实现以人为本的可持续发展,构建以人为中心的超级智能社会。书中不仅系统阐述了社会 5.0 的相关概念,而且还针对社会 5.0 主要解决的问题,例如,如何实现全社会最优化与个人最优化的共赢与平衡;如何实现构建网络空间所需的城市数字化以及跨领域数据与系统合作;如何应对老龄化社会、零碳社会以及地域创生等问题进行了生动的阐述。最后,还对社会 5.0 的未来进行了展望。

Original Japanese title:Society 5.0 Copyright © Hitachi and UTokyo Joint Research, 2018 Original Japanese edition published by Nikkei Publishing Inc. Simplified Chinese translation rights arranged with Nikkei Publishing Inc. through The English Agency (Japan) Ltd. and Shanghai To-Asia Culture Co., Ltd.

本书由 Nikkei Publishing Inc. 授权机械工业出版社在中国大陆地区(不包括香港、澳门特别行政区及台湾地区)出版与发行。未经许可的出口,视为违反著作权法,将受法律制裁。

北京市版权局著作权合同登记 图字:01-2019-4511 号。

图书在版编目(CIP)数据

社会 5.0:以人为中心的超级智能社会/日本日立东大实验室(H-UTokyo Lab.)著;沈丁心译. —北京:机械工业出版社,2020.1(2024.1 重印)

ISBN 978-7-111-64329-6

Ⅰ.①社… Ⅱ.①日… ②沈… Ⅲ.①经济发展趋势—研究 Ⅳ.①F061.3

中国版本图书馆 CIP 数据核字(2019)第 277658 号

机械工业出版社(北京市百万庄大街 22 号 邮政编码 100037)
策划编辑:坚喜斌　　　　责任编辑:坚喜斌　蔡欣欣
责任校对:李　伟　　　　责任印制:孙　炜
北京联兴盛业印刷股份有限公司印刷
2024 年 1 月第 1 版・第 2 次印刷
145mm×210mm・8.625 印张・4 插页・156 千字
标准书号:ISBN 978-7-111-64329-6
定价:69.00 元

电话服务　　　　　　　　网络服务
客服电话:010-88361066　机　工　官　网:www.cmpbook.com
　　　　　010-88379833　机　工　官　博:weibo.com/cmp1952
　　　　　010-68326294　金　书　网:www.golden-book.com
封底无防伪标均为盗版　机工教育服务网:www.cmpedu.com

前 言
Preface

如今大数据分析、人工智能、物联网等的研发成果正在迅速渗透我们的生活。运用与我们的日常工作、生活息息相关的数据及信息技术而产生的新想法大量涌现,并不断催生出新的商业模式。智能手机得以普及,包括购物方式及工作方式在内的人类生活与10年前相比发生了明显的变化。如此巨大的社会变化,在50年前乃至30年前那个时代是无法想象的。我们已经从以制造为中心的工业社会,进入随计算机发展、将信息转化为巨大价值的信息社会,而现在我们可以说又来到了新时代的入口。那么对于这个即将到来的新型社会我们究竟该如何理解与接纳,并朝哪个方向推进呢?

2016年1月22日的日本内阁会议上确定的"第5期科学技术基本规划"[1]中提出了"社会5.0"的概念,展现了新科技引领的一个理想的新时代的社会愿景。"社会5.0"的目标是"最大限度地运用ICT(信息和通信技术),通过网络空间与物理空间(现实世界)的融合为人们带来富裕的'超级智能社会'这一未来社会形象与人们共享,深化以实现'社会5.0'为目标的系列举措,大力推进'社会5.0',在全世界率先实现超级智能社会"[2]。此外,"社会5.0"还有"继渔猎社会、农耕社会、工业社会、信息社会之后诞生的,由科技创新引领的新型社会"这一层含义。

日本内阁会议在"科技创新综合战略2016[3]"之后公布的"科技创新综合战略2017[4,5]"中提出,"第5期科学技术基本规划"中提出的未来理想社会"社会5.0"旨在通过高度融合网络空间与物理空间,消除地域、年龄、性别、语言等造成的差距,提供完善的物资及服务来应对多样化的潜在需求,以此实现发展经济与解决社会问题的双赢目的,从而形成宜居、充满活力且高品质的以人为中心的社会(见图1)。

	社会1.0	社会2.0	社会3.0	社会4.0	社会5.0
	渔猎社会	农耕社会	工业社会	信息社会	超级智能社会
生产技术	捕猎、采集	手工业	机械化	信息通信	网络空间与物理空间的融合
材料	石材、土	金属	塑料	半导体	材料5.0*
交通	徒步	牛、马	汽车、船舶、飞机	多样移动	自动驾驶
城市形态模型(集合)	迁徙、聚落	城池	线形(工业)城市 	网络城市 	自律分散城市 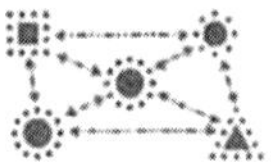
城市理念	生存性	防御性	功能性	经济效率性	人性

各条目由众笔者编制。
*于东京大学合作研究机构材料创新研究中心(MIRC)进行的研究。

图1 "社会5.0"的定位

综上所述,"社会5.0"是经过诸多有识之士充分讨论,在考察技术与社会发展历史的基础上诞生的全新的理想社会愿景,这个概念的提出就是为了在产业界以及全社会广泛普及这一构想。但是政府的规划和战略中对"社会5.0"的解释只用最简洁的方式体现了有关其讨论的精华,如果不了解相关背景知识其实很难理解它的意义。例如,网络空间和物理空间分别是指什么?融合是什么意思？兼顾发展经济与解决社会问题又指什么？此外，以人为中心的社会看似理所应当，然而它究竟是怎样一个社会？这些疑问自然会浮现在人们的脑海中。要想搞清楚这些问题，我们首先必须了解这一概念背后的想法及词语的含义。本书作为思考"社会5.0"的一个入口，探究了其另一层定义和其产生的背景，希望能为广大读者了解"社会5.0"提供一些帮助。

本书是以"日立东大实验室"的"居住地革新"项目的研发成果及讨论为基础汇总而成的（"日立东大实验室"位于东京大学，由东京大学和株式会社日立制作所联合创立于2016年6月）。"日立东大实验室"相较于传统的产学合作方式更进一步，可以说是企业与高校之间通过正式的大型跨组织合作解决社会问题的"产学共建"模式的初始模型。

本书作者以"日立东大实验室"项目组成员以及东大研究员为主。

在第1章中，阐述了"社会5.0"的基本思路，同时梳理了相关用语。

在第2章中，针对"社会5.0"解决社会问题时遇到的如何实现全社会最优化与个人最优化的兼顾与平衡问题，通过独创的"居住地革新"研究来详细剖析。

在第3章中，通过评述智慧城市大潮和日本的可持续城市建设对策，基于21世纪以来的各类决策思考如何将其成果用于"社会5.0"。

在第4章中梳理了构建网络空间所需的城市数字化以及跨领域数据与系统合作方面的方法与问题。

第5章主要以工学领域的研究人员为主，对解决老龄社会、零碳化以及地方创生等社会问题的研发方式和研究思路进行了梳理。

在第6章中，以人文科学与社会科学领域的研究人员为主，揭示了理想社会愿景所面临的问题及其方向性问题，同时尝试探讨以人为中心的社会究竟是怎样的社会。

在第7章中，东京大学的五神真校长与日立制作所的中西宏明会长用对话的形式探讨了"社会5.0"的可能性及方向性。

第8章总结了"社会5.0"的目标社会中存在的问题以及对未来的展望。

本书有助于加深对"社会5.0"的概念与理想社会愿景的理解，若能在技术与社会关系方面及未来发展方向方面引起包括广大工学技术人员在内的各界人士的关注与热烈讨论，我们将深感荣幸。

注释：

[1] 内阁府 综合科学技术创新会议。
http：//www8.cao.go.jp/cstp/kihonkeikaku/index5.html.

[2] 参照《科学技术基本规划》第11页第3行。针对保障稳定的能源、资源、食品供应，以及超老龄化、人口减少、自然灾害、网络安全等日益凸显的多种问题，在第3章"应对经济与社会性问题"中将与"社会5.0（超级智能社会）"区分开来，在"可持续成长与地区社会的自律性发展""确保国家及国民的安全与安心，以及实现丰富且高质量的生活""应对地球规模的问题及为世界发展的贡献"中另行讨论。

[3] 内阁府综合科学技术创新会议（2016年5月24日内阁会议决定）。

http：//www8. cao. go. jp/cstp/sogosenryaku/2016. html.

[4] 参照内阁府综合科学技术创新会议"科学技术创新综合战略2017"（2017年6月2日内阁会议决定）第2页第12行。

http：//www8. cao. go. jp/cstp/sogosenryaku/2017. html.

[5]《科学技术创新综合战略2017》的英译版（Provisional Translation）中"以人为中心的社会"（Human-centered society）（第2页第15行）。

http：//www8. cao. go. jp/cstp/english/doc/2017stistrategy_main. pdf.

目录
Content

前言

第1章 什么是"社会5.0"

01 关于"社会5.0"的研究 / 002
  支撑"社会5.0"的机制 / 002
  网络空间与物理空间的融合 / 003
  为了实现"以人为中心的社会" / 005

02 网络空间与物理空间的融合 / 008
  现实世界的模型化 / 008
  服务与服务的联系 / 010
  知识的积累与共享 / 012

03 知识集约型社会 / 015
  数据、信息、知识 / 016
  什么是知识集约型社会 / 017
  知识集约型社会所需的法则、模式 / 018
  信息应用能力 / 019

04 数据驱动型社会 / 021
  什么是数据驱动型社会 / 021
  从信息社会到数据驱动型社会 / 024

05 "工业4.0"与"社会5.0" / 026

　　什么是"工业4.0" / 026

　　"工业4.0"与"社会5.0"各自的目标 / 030

　　"工业4.0"与"社会5.0"的共通问题 / 032

第2章　从居住开始的变革"居住地革新"

01 日本面临的社会问题 / 038

　　社会问题驱动因素 / 038

　　劳动力人口减少 / 039

　　消费人口的稀疏化 / 041

　　老龄化 / 041

　　基础设施老化 / 042

　　向可再生能源的过渡 / 043

02 居住地革新与架构 / 046

　　目标指标的因式分解 / 046

　　基于因式分解的社会问题研究 / 048

　　以居民为出发点的革新 / 050

03 居住地革新框架在主要社会问题上的应用 / 052

　　向可再生能源的转移 / 052

　　劳动力人口的减少 / 054

　　基础设施老化与消费人口稀疏化 / 056

第3章　从智慧城市到"社会5.0"

01 什么是智慧城市 / 062

结合 IT 实现城市的智能化 / 062
城市通用的基础技术：从实证实验到实践化 / 064

02 能源管理的智能化 / 066
电力供给系统的智能化 / 066
智能电网 / 067
小规模发电网 / 067
智能住宅 / 069

03 日本的智慧社区·智慧城市 / 070
以 CEMS 为核心的智慧社区 / 070
大规模城市开发下的智慧城市 / 072
市中心的 BCP 对策与智慧城市 / 075
日本的智慧社区·智慧城市建设模型 / 076

04 可持续城市和智慧城市 / 078
自治体的构想和行政机关主导的项目 / 078
自治体所描绘的可持续城市的构想和项目支援 / 079
可持续城市构想下的模型建设项目 / 080
从"社会 5.0"的观点看日本智慧城市建设面临的问题 / 082

05 从市民主导型智慧城市到"社会 5.0" / 083
欧盟援助下的智慧城市 / 083
巴塞罗那的智慧城市建设 / 083
桑坦德的智慧城市和感应城市建设 / 086
哥本哈根的大数据交易市场 / 087
美国的智慧城市建设 / 088

夏威夷州毛伊岛的智慧城市建设情况 / 089
芝加哥的智慧城市建设情况 / 090
旧金山的行政数据公开化 / 091
从市民主导的智慧城市到"社会5.0"所面临的问题 / 095

第4章 城市的数据化和服务合作

01 城市信息合作的目标 / 100
从两个角度看城市信息合作 / 100
实现信息合作的构造 / 104
未来的挑战 / 106

02 城市系统的共生：共生自律分散系统 / 107
面向服务合作 / 107
自律分散系统 / 108
系统的共生 / 110

03 个人信息的保护：保密分析技术 / 112
个人信息的泄露 / 112
保密分析系统 / 113
应用了可搜索密码技术的保密分析 / 115

04 幸福感的测量：从物联网到人联网 / 116
通过物联网技术实现数字化的过程 / 116
"社会5.0"中的新概念：以人为中心 / 117
什么是人联网？首先测量人类 / 118
人联网带来的光明 / 119

人联网的影响：实现"社会5.0"所面临的挑战 / 121

第5章 解决社会问题的产学共建研究

01 "社会5.0"中的城市会发生怎样的变化 / 126
   首先从价值观转换说起 / 126
   长期居住在熟悉的地方 / 128
   可以较自由地选择居住和工作环境 / 130
   地域社会充分展现本地区的独特魅力 / 133
   网络空间在城市建设中的作用 / 136

02 打造支撑人生100年时代的居住环境 / 138
   "社会5.0"与居住地设计 / 138
   人生100年时代的挑战：少子老龄化问题 / 140
   维持生活自理能力的方法 / 141
   地区社会性、空间性环境的重要性 / 143
   WHO的健康老龄化政策 / 143
   创造支援性的生活环境 / 145
   首要开发目标 / 146

03 零碳社会与能源×生活管理 / 148
   需要忍耐的节能与无需忍耐的节能 / 148
   已建成建筑存量的零碳化 / 150
   能源管理 / 151
   与生活管理的协同合作（能源×生活）/ 153
   行为习惯对能源使用的影响 / 155
   行为改变与助推理论 / 156

"社会5.0"中的生活管理 / 157

04 地域创生与数据驱动型计划 / 159
为何选择数据驱动型规划（城市规划）/ 159
败诉的交通规划 / 160
数据驱动型规划的实例 / 162
城市的未来 / 163
跨越城市的界限 / 165

第6章 从货币价值社会到非货币价值社会

01 数据驱动型社会与非货币价值社会 / 168

02 "社会5.0"中的数据平台 / 172
"解构化"的变革 / 173
解构化背景中的经济学特征 / 175
呈现出"开放的共同体"的平台 / 176
数字平台的有效性与问题点 / 177
有利于消费者的"社会5.0" / 179

03 数据驱动型社会中现金的使命 / 180
两种无现金化 / 180
数字货币带来的社会可能性 / 183
匿名性与私人信息的使用 / 184
"零价格"经济的出现 / 186
"零价格"经济中的新问题 / 187

04 从私有到共享——后资本主义的富裕 / 189
构思理想中的社会 / 189

什么是富裕 / 191
货币性价值与非货币性价值 / 193
无交换价值的使用价值 / 194
作为新价值的共享文化 / 196

05 "社会5.0"与"Human Co-becoming" / 198
"社会5.0"以什么样的社会为目标 / 198
现代的人与物的资本主义 / 199
差异的消费与事项的资本主义 / 200
人的资本主义与"Human Becoming" / 200
能力与社会的机动性 / 201
参与的知识 / 203
"Human Co-becoming" / 205

第7章 对话：共建"智慧"，开拓丰富的未来社会
——构建引领社会变革的创新生态系统

"社会5.0"是目标的共享 / 211
培养热爱挑战的精神 / 214
创造从多元化中催生新事物的条件 / 215
产学官共筑革新生态系统 / 216
SDGs与研究活动的匹配 / 219

第8章 问题与展望

01 通往幸福的问题：面向个人与社会的和谐 / 224
"社会5.0"中的"人"与"幸福" / 224
关于个人与社会和谐的问题 / 225

幸福的模样 / 226
　　什么是相对幸福的社会 / 227
　　社会设计与相关性 / 228
　　自由的行为选择与社会限制 / 229
　　报酬与惩罚的陷阱 / 230
　　内在动机形成 / 230
　　逆反心理 / 231
　　形成态度和价值观的设计 / 232
　　留在最后的伦理性的问题 / 233

02 "社会5.0"的意义与展望 / 235
　　科技先导的构想 / 235
　　以人为中心社会的理念与路线 / 236
　　公民创新 / 238
　　人才培养与教育 / 240
　　促进地方创生的政策 / 242
　　作为商机的"社会5.0" / 244
　　发源于日本的运动 / 246
　　SDGs的方法 / 247

结束语 / 251
谢　辞 / 254
作者一览（括号内为负责部分）/ 255

第 1 章

什么是"社会5.0"

01
关于"社会5.0"的研究

支撑"社会5.0"的机制

收集现实世界中的数据,通过计算机处理后将其成果用于社会,这就是"社会5.0"的基本运作机制。该机制本身并不是新概念。举一个身边的例子,空调自动将室温保持在设定温度就是同一个原理。空调定期测量室温,并通过空调内部的微型计算机对测量温度和设定温度进行对比。根据对比结果,空调自动控制功能的运行或停止,使房间保持在一个较为舒适的温度。维持社会的大多数系统其实都是按照这个原理运作的。例如为每个家庭输送适量的电力、轨道交通按照时刻表运行等大致都是同样的原理。实现这些均需要计算机的自动控制,这意味着信息社会是不同系统在各自封闭的世界中收集数据并将其处理后用于实践的。

"社会5.0"与信息社会最大的不同在于它所提供的便利舒

适的对象不单单是一个房间，也不只是电力供应系统或轨道交通系统，而是整个社会。要想营造一个舒适的社会，就需要提高能源、交通、医疗、购物、教育、工作、娱乐等生活所有方面的舒适度，而不是仅仅局限于房间的温度。现实社会收集的数据种类与数量极为庞大，处理这些数据需要人工智能（AI）等高度发达的信息处理技术。由此产生的信息将用于提高现实社会的舒适度，不仅是用来控制空调、发电机或是轨道交通这些机械设备，更多的是直接对人们的行为产生影响。收集数据、分析数据，将分析后的数据转换为有意义的信息加以利用，在全社会规模下重复这个可持续的循环，即是"社会5.0"。

网络空间与物理空间的融合

在理解了以上大框架的基础上，我们一起来解读前文中政府规划和战略中所说的"社会5.0"中"网络空间与物理空间（现实世界）的融合"究竟是指什么。网络空间不仅是指计算机中的空间，同时也指我们根据现实社会中收集来的数据分析问题并建立对策。网络空间一词最初用来表示一个假想的空间，在这里人们可以自由使用数据、将数据转换为有用的信息，随后将信息传达给他人或者阅读他人制作的信息。其实体就是通过互联网连接的计算机。

不过在"社会5.0"中所说的网络空间不单单是一个大量数据交互的空间，还包含了为分析问题、提出解决对策而在计算机中模拟出的现实社会模型空间。在分析现实社会中的数据时,计算机中的数据结构必须与现实世界的结构完全相同,就像镜像那样。这听起来很难,实际上原理很简单。例如,仍以空调为例,在微型计算机的程序中,首先有一个表示室温的参数(例如 T),通过对比室温 T 与设定室温的高低来决定开关是 ON 还是 OFF。即在空调内部这个小小的网络空间中,室温 T 这一参数代表了整个房间,这就是房间的模型。现在的空调能够感知室内人的位置,并更为细致地控制冷暖。那么这个空调的网络空间中,房间模型就包括房间大小、室内多点的温度、人的位置等。想要将舒适做得更加细节化,网络空间内的模型就要更为细致、更接近现实社会(图 1-1)。"社会 5.0" 要追求的终极目标是将整个现实社会反映在网络空间内部,并在此基础上针对现实社会采取细致的对策。

图 1-1　物理空间与空调内部的网络空间

那么物理空间又指什么呢？物理空间是指现实世界，它既是收集数据的场所，又是实施对策的场所。但是如果直接称其为现实世界的话，则会容易让人理解成这个世界也包括了计算机内部的所有空间，因此我们特意将其称为物理空间，特指不包含计算机内部网络空间的物理性的世界。本书使用物理空间（现实世界）来表述。

网络空间与物理空间（现实世界）融合后，物理空间（现实世界）向网络空间的数据流动，以及网络空间向物理空间（现实世界）的信息流动将会更加顺畅，这些流动将成为一个循环不断重复，在下一节我们还会对此进行详细讲解。一直以来电力系统、轨道交通系统这些物理存在的各自独立的系统今后在网络空间能相互连接，将会为现实社会带来空前的先进服务与全新的价值。

为了实现 "以人为中心的社会"

"社会5.0"就将以这种机制实现"以人为中心的社会"。还以空调为例，过去我们的目标是维持舒适的室温。仅仅把室温作为对象事情就很简单，但是把实现"以人为中心的社会"作为整个社会的目标这件事该如何理解呢？在"社会5.0"的说明中，把"以人为中心的社会"定义为"经济发展的同时解决社会问题，人人过着舒适且充满活力的高品质生活"。但其实相信普遍的共识是在现实大背景下，同时实现经济发展、社会问题的解决、舒适性的提高是很难的。正因为困难才要在"社会5.0"中挑战它。

再以空调为例，经济要发展，办公室和工厂的室温就有必要保持一个舒适温度。但是采用石油石化燃料发电的话则会排放温室气体导致全球变暖这一社会问题产生。这就要求我们不能把眼光局限于建筑内部空间的舒适性，也要考虑全社会面临的问题以及对全球环境产生的影响。这是难以兼顾的一则事例。如果只注重经济发展，有时可能会使社会陷入大量生产、大量消费的情况，引发地球环境被破坏这一社会问题。反而观之，想做的事不能做，强行忍耐换来的节能也谈不上舒适性，而且可能会导致经济停滞或发展受阻。而"社会5.0"正是要挑战这个难题。本书将针对这些问题，梳理形成了"居住地革新"的观点，在此基础上对具体技术研发方向进行了探索。

解决社会问题与实现舒适性还有一个难点，那就是如何平衡全社会最优化与个人最优化的问题。设定单人房间的室温时，最佳温度可以以自己的感觉为标准。但是如果房间里不止一人，那么最佳室温就会因人而异。那么如何让所有人都感到舒适呢？是把室温调到每个个体最佳温度的平均值吗，还是通过讨论和少数服从多数来定呢，或者听从某一个人的意见确定室温吗？室温还是一个相对简单的事例。要以社会各种各样的标准来衡量舒适性则需达到全社会最优化与个人最优化的双赢，或者能够找到一个绝妙的平衡点。以小见大，双赢或平衡点则会涉及舒适又充满活力的高品质生活究竟是什么样的这一深刻问题。社会的舒适性尺度是多种多样的，而且更多的是不能像室温这样定量化的事物。要探究这个问题的答案可能还要花费更多的时间，在此我们从人文科学与社会科学的角度深入挖掘这个问题的细枝末节，共同探讨对此我们应该思考哪些问题。

思考"社会5.0"理想的社会意象既是思考技术与社会的关系，更是思考以技术为媒介的个人与社会的关系。

02

网络空间与物理空间的融合

上一节我们提到"网络空间与物理空间(现实世界)的融合"是支撑"社会 5.0"的基本机制。在本节我们将重新讲解其含义,了解它能为社会提供怎样的价值。

现实世界的模型化

网络空间是指计算机中的世界。在网络空间中分析物理空间(现实世界)中收集到的数据,用于制订社会运营、社会优化的措施。相关措施在物理空间(现实世界)中施行,并通过计算将其效果数据化。之后该数据再次回到网络空间中被用来分析,如果有问题再进一步思考对策。通过不断重复这个循环,让社会朝着更好的方向发展,这就是"社会 5.0"。

想要将物理空间(现实世界)中的措施在网络空间中建

模,网络空间中必须有如同镜像现实的"与现实完全相同的结构"。我们回到前文中空调的例子(图1-2)。控制空调时所需的"与现实完全相同的结构"是指在调节空调风力强弱时,反映房间温度变化的物理特性的模型。网络空间中的模型如果与现实中的房间特性完全一致,那么就能通过网络空间中的反复仿真,找出调控室温的最佳运行方式。

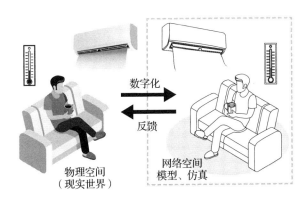

图1-2 现实世界模型化

室温的变化受房间大小、墙壁隔热性、室内人数、室外气温等多种因素的影响。因此想要创造出与现实的房间拥有完全相同特性的模型并不简单。那么在此就有必要借助物联网和AI。物联网将房间大小、不同位置的温度、室内人数及所在位置等不同类型的大量数据汇总于网络空间中。AI通过分析这些数据,在网络空间中创造出一个与现实房间情况完全相同的模型。

运用网络空间中的房间模型确定空调运作方式,并在物理空间（现实世界）中实施。同时空调将会监测其运行模式下室温的变化并反馈到网络空间中。如果室温没有达到目标温度，就说明房间模型是不正确的，AI 会根据结果对模型进行修正。该循环不断重复，网络空间中的房间模型在一段时间内就应该与现实中的房间的物理特性融合为一体了。"融合"一词包含现实与模型毫无二致的意思。

事实上虚拟与现实融合的观点早已有之。电力系统和轨道交通系统等控制系统分别有各自的控制对象模型，以此实现适量的电力供应以及轨道交通的准时运行。这样的系统被称为"物理信息系统"。"社会 5.0"追求的不只是个别系统的虚拟物理融合，而是全社会的网络空间与物理空间（现实世界）的融合。从整体融合这个意义来说，用"空间与空间的融合"来表达更为贴切。

服务与服务的联系

融合一旦得以实现，那么过去各自独立的系统模型就能在网络空间中互相联系起来。这样一来，原本不同的服务将彼此关联。这对社会来说有怎样的价值呢？

我们的社会中存在能源、交通、给排水管网、医疗、治安、物流、零售、教育、娱乐等多种多样的服务。这些服务看似互相独立，实则互有联系。要想创造更好的社会，就必须掌握它们之间的相关性，在此基础上考虑政策措施。

例如，我们来思考一下城市交通拥堵的问题。修建地铁是缓解交通拥堵的有效手段，然而需要花费大量的时间和金钱。在确定某个对策之前，我们不如思考引起城市交通拥堵的原因。有的城市是因为治安差导致开车的人多；有的城市是因为道路排水差，下雨后道路内涝引起堵车；有的城市本来有运河可以享受水运的便捷，但是由于快速的城市化导致水质恶化，越来越多的人不愿意乘坐水上公交；还有的城市是由于市场形成的年代久远，周围没有停车场，违法停车引起交通拥堵。由此可见，交通问题和其他众多服务都是有关系的。因此，修建地铁虽然是解决交通拥堵的有效方式，但是改善治安系统、排水设施、下水道净化设施或者转移市场却能够更加高效、低成本地缓解堵车问题。

如果能把整个城市在网络空间中模型化，例如交通治堵的政策，我们就能更为深入地分析堵车的原因，以便采取相应的对策。在对策起草阶段，如果充分发挥网络空间中的仿真作用，应该有助于我们探讨怎样把有限的预算分配给不同的服务来解决拥堵问题，同时还能看到对策会产生怎样的附加效果，以及是否会产生预期以外的副作用。

当然，一直以来我们在制订城市规划时都会考虑这一系列关联性问题。今后，通过网络空间与物理空间（现实世界）的融合，从物理空间（现实世界）收集到的数量与种类空前的数据所产生的巨大价值非常值得期待。我们能够更精确地掌握服务与服务之间的关联性，而且 AI 能够发现很多人类没能意识到的关联性。例如，地区所提供的各类服务短期内如何互相影响，某种服务从长期来看会如何有延时地波及其他服务；或者利用 AI 发现的新的关联性，能否研发出新的服务等。这些问题能够得到比过去更加深入的考量。

综上所述，原本独立运行与管理的服务在网络空间中互相重合、互相联系，随之在物理空间（现实世界）中相互联系的服务又会产生新的价值。这就是服务通过在网络空间中的联系所产生的价值。

知识的积累与共享

网络空间中联系起来的不只是服务。城市与城市、社会与社会之间如果在网络空间中互相联系起来，那么一个城市或社会的模型中积累的知识就可以转用于其他的城市或社会中。

例如，对某个城市的数据分析在其他城市可能也有用。虽然每个城市环境不同，分析结果适用的场合可能不多，但是也许可以沿用同样的分析方法。另外，一个城市采用的措施及其结果留存下来的话，不管是成功事例还是失败事例都能为其他城市制订措施提供参考。日本解决社会问题的事例或许不久之后将超越国界与时间被新兴国家所借鉴。

网络空间一词最初用来表示一个假想的空间，在这里人们可以自由使用数据、将数据转换为有用的信息，随后在此将信息传达给他人或者阅读他人制作的信息。网络空间的实体是许多通过互联网连接的计算机所构成的空间,以互联网为媒介,不受时间和空间限制共享信息与知识。知识的积累与共享也可以说是网络空间在其本来意义上的功能(图1-3)。

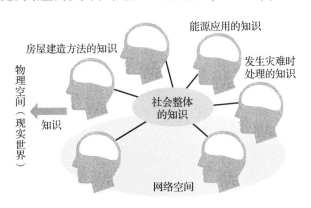

图1-3 知识的积累与共享

从某个城市获得的实现"超级智能社会"的知识可能第二天就在远方的另一个城市得到使用,可能几十年后在发展阶段不同的其他国家也能得到使用。网络空间的功能不仅限于物理空间(现实世界)的模型化与分析,它还是知识积累与共享的场所。

本节阐释了"社会5.0"中"网络空间与物理空间(现实世界)的融合"一词的含义,并且触及了物理空间(现实世界)通过网络空间互相联系产生的价值。从物理空间(现实世界)收集数据,在网络空间中建立现实世界的模型并使其不断精细化的过程就是"融合"。而使用该模型获得新知识的同时,不断积累、共享知识的过程就是融合的价值所在。不过相比过去，数据的数量、种类、收集频率大幅增加，并且利用AI等新技术使大量的数据转变成前所未有的新知识。

从"获取知识"的角度来说，"社会5.0"是"知识集约型社会"。而从"产生新的数据知识"的角度来说，"社会5.0"是"数据驱动型社会"。本书在使用数据、信息、知识等词语时并没有对它们进行明确的定义。从下一节开始，我们将重新解释这些词语，在此基础上论述何为知识集约型社会，何为数据驱动型社会。

03

知识集约型社会

在"社会5.0"中,"数据"(Data)、"信息"(Information)与"知识"(Knowledge)是驱动社会变革的三大原动力。在此,我们将通过这三个用语的定义,审视"社会5.0"的"知识集约型社会"的其中一个侧面(图1-4)。

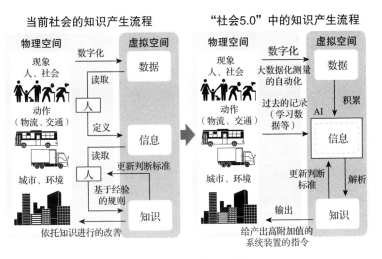

图1-4 数据、信息、知识

数据、信息、知识

一般来说,"数据"是指用来记述物理空间(现实世界)中存在的事物和现象的数值、状态、名称或者有无(0或1)等。例如,在日本某个市区町村(此处用A市代表)的居住人口是根据收录居民卡的居民户籍信息管理册统计的。居民卡中记录的各居民性别、家庭成员构成、住所等信息就是A市的"数据",是存储于网络空间中的首层要素。

与此相对,"信息"是指按某种目的或方向性对收集到的数据进行筛选、加工并赋予一定意义的东西。还以上述为例,如果把A市的人口数据按年份划分,就能推算出最近10年间的人口变化与目前的老龄化比例。根据不同年龄段的人口可以制作人口金字塔图表。这些都是A市的"信息"。根据人口变化就可以知道A市现在是处于人口不断增加的成长过程,还是处于人口减少的衰退过程。由此可见,为"数据"赋予这些意义之后就成为"信息"了。

进一步探讨,如果A市人口呈减少趋势,那么为了解决该问题就需要分析人口减少的原因。看看人口减少是因为少子老龄化,还是因为迁出人口超过了迁入人口,也就是人口净流出率。这时如果对照人口动态相同的其他自治体或者参考专家的经验就能得出更为确切的判断。像这样帮助人们做判断的就是"知识"。"知识"是指根据经验或先例等来理解所产生的信息，并经分析考察后的结论，也可以说是将积累的个别解决方法量化的经验论。因为有"知识"基础所以能够推断问题的起因，而思考消除这些因素的解决方案也是"知识"的职能。而且随着"知识"的不断积累（知识越来越丰富），就能根据"信息"做出更为准确的判断。

什么是知识集约型社会

"数据"只有转变为"信息"和"知识"对于人与社会才是有价值的。以往的社会中将"数据"转换为"信息"与"知识"等一系列程序主要依靠计算机与人的互动完成。但是在"社会5.0"中这个过程不需要人类介入，人只需单纯地接收AI的输出就可以有更多机会获取"知识"。

这些变化会给我们的社会带来怎样的改变呢？

目前以日本为首的发达国家已经从通过人力资源的集约来提高生产效率的"劳动集约型社会"，过渡到了通过工业革命，进入以大量生产、大量消费为基础的"资本集约型社会"。在资本集约型社会中，城市以港口或机场等物资集中的场所为基础发展起来。而以"社会5.0"的理念进一步探究，在今后"数据"和"信息"集中的社会中，充分解读、运用这些数据与信息的"知识"集聚的空间和场地将取代物资集散地成为创造价值的地方[1]。从这个意义上说，"知识集约型社会"是"社会5.0"的一大特征。

通过联系、运用"数据"和"信息"产生新"知识"。不仅是包含服务业等的第三产业，以农业、制造业为主的第一产业与第二产业也将因此发生变革。例如，运用农业用地的具体规模、位置信息以及天气预报知识，采用无人机及机器人技术，未来有可能使农业用地分散、生产效率低下的日本农业脱胎换骨。以期实现向能够创造出新产业的知识集约型社会与产业结构的转型。

在推进上述范式转换时，承担着技术研发关键职责的高校和企业需要发挥不同于以往的作用。在"知识集约型社会"中，高校和企业的技术研发功能要从过去给物品本身赋予高附加值，变为通过汇集、组织知识孵化产生新价值的产业。

知识集约型社会所需的法则、模式

在理想的"知识集约型社会"中，研发用于收集、整合数据，打造联系及运用不同领域信息的信息合作平台技术固然重要，培养人们形成使用数据的规则与模式也很关键。今后我们一方面作为数据形成的主体培养自身的规则与模式素养，另一方面还要作为解读数据、运用数据的主体具备相应的应用能力。

我们把目光聚焦于作为数据形成这一主体。由于技术研发使得知识处于高度化的产出过程中，如果手上没有合适的分析数据，就无法得出正确的知识。如果是简单的错误还有可能通过机器检查出来，但是如果每位数据制作者的制作方法各不相同，在缺乏统一性的情况下就很难解决了。举一个熟悉的例子，在2009年日本观光厅制定的《关于入境游客统计的共通标准》出台前，各自治体都按自己的方法进行调查、统计[2]。因此，当时统计日本各自治体内部的游客人数变化趋势很容易，但是想要对比自治体之间的游客人数就很难了。因为存在数据互通困难的问题。而且如果第三方把这些本来就不适合做对比的数据拿来分析，可能会得出错误的信息。正因为我们的社会人人都能靠简单的装置计算人数、形成数据并通过互联网公开发布，这就更要求人们在制作数据时必须遵守一定的规则。

信息应用能力

从解读数据、运用数据的主体的角度来看，个人掌握运用数据与信息的应用能力可以说是"社会5.0"的一大问题。我们看看其他国家的实例。例如，作为欧盟"地平线2020"计划[3]的一部分，巴塞罗那实行的"智慧市民"项目要求公民自行制作并安装传感器，监控当地大气污染与噪声情况。获得的数据在开放源码中公开[4]，还有人根据相应数据推动行政机关改善环境。也就是说，巴塞罗那的公民既是参与制作数据的主体，同时又可能是将数据解析为有意义的信息并加以利用的主体。而在日本，通常认为运用数据是行政机关和企业的行为，很少有人会像"智慧市民"那样把运用数据当成自己的事情。因此关键是要在全社会鼓励对应用数据的讨论及应对。

"社会5.0"的理想社会是人人都能"通过高度融合网络空间与物理空间，消除地域、年龄、性别、语言等造成的差距，享受能够应对多样化以及潜在需求的物品及服务"。只不过，高度运用数据的服务与商业普及后人们就会丧失社会中的主体性，单纯靠AI推荐来购物，被动地接受服务的人生也是无趣的。如何让人们身处这样一个社会却依然能够积极从事创造性的工作、经营生活，这时高校和企业的作用就显得更为重要。为把"社会5.0"打造成以人为中心的社会，在计算机和软件不断进步的同时，培养能创造新产业的人才以及提高每位公民的信息应用能力是必不可少的。而高校在实现"社会5.0"的过程中不只要承担技术研发职责，还要通过普通教育课程以及反复教育培养使用者对未来数据与信息的应用能力。我们期待高校能够担负起培养作为"社会5.0"主体的公民及公民社会的新责任。

04
数据驱动型社会

"社会5.0"还是"数据驱动型社会"。那么什么是数据驱动型社会呢？现代社会被称为"信息社会"，数据驱动型社会与信息社会的区别在哪里呢？上一节我们讲到，"数据"被加工并赋予某种意义后就成为"信息"，而分析"信息"得到的经验性原则就是"知识"。社会靠最原始的数据驱动又会怎么样呢？正如"未来投资战略2018"[5]中同时谈到"社会5.0"与"数据驱动型社会"所说的那样，"数据驱动型社会"是理解"社会5.0"时不可或缺的概念，在这一节中我们将会详细说明。

什么是数据驱动型社会

首先我们来看看"数据驱动型社会"的定义。通过经济产业省产业结构审议会的报告书（2015）[6]可以看出，对"数据驱动型社会"的讨论在"社会 5.0"提出以前就开始了。报告书中对"数据驱动型社会"的定义是物理信息系统（CPS）"通过物联网将物品数字化、网络化后适用于不同的产业社会，数字化的数据被转换为 Intelligence 应用于现实世界，而数据因此获得附加价值，推动现实世界发展的社会"。这里的"Intelligence"就是上一节中所说的"信息"与"知识"。

简言之，"数据驱动型社会"就是"将物联网收集到的数据转变为信息或知识，以此推动现实世界前进的社会"。虽然定义如此，但是单看这个定义还不足以让人理解。数据与信息、知识的关系在上一节已经做了阐述，但是"推动现实世界"这点很难让人有具体的感受。数据是如何推动现实世界的呢？这个推动方式有两层略有区别的含义。一层含义是指人们利用大量的多样的数据进行决策，以此推动社会发展。另一层含义是指无须人的参与，数据自动推动社会发展。以下将对这两层意思进行逐一说明。

以城市交通系统的规划为例。人们过去一直在使用依据数据进行决策的方法。通行量调查员用手动计数器收集到的数据被用于道路、公交车、地铁等的规划中。然而这样收集数据的成本太高，而且只能把城市中有限的几个地方的通行量进行数字化，几年才能完成一次。

而"数据驱动型社会"中收集到的数据的数量之大、种类之多及其实时性都是过去的社会无可比拟的。通过移动端和交通 IC 卡获取的出行数据，通过解析马路上和大楼里的监控录像得到汽车与行人的流量等,都能实时反映出城市中人们出行的整体情况。如果再加上购物数据的话,连出行的目的都一目了然了。将城市中所有数据汇总起来实施可视化,就能掌握整个城市的运行状况。

要想改变我们的城市,需要诸多利益相关方之间共享城市的现状,所有人在此基础上进行探讨。如此庞大、多样与极具实时性数据的城市可视化,将会从根本上改变讨论方式与决策方式。这就是"数据驱动型社会"中人利用数据进行决策这个层面上的含义。

"数据驱动型社会"的另外一层含义是无须人的参与,数据自动推动社会发展。以马路上控制红绿灯的系统为例。交通信号灯的交替受控于控制计算机中的程序。一直以来,该程序都是由人设计的。

但是在打造"社会5.0"中理想的"以人为中心的宜居社会"时,光是红绿灯控制这一项就要考虑方方面面的因素。肯定是希望减少堵车并希望通过车流的设计起到降低全城尾气排放的作用,同时还希望行人尽可能地不等红绿灯。铁路道闸对堵车也有影响,因此列车时刻表也必须考虑进去。一周七天每天的交通状态不尽相同,而城市各类活动或者雨雪天气都会影响交通情况。因此想必对红绿灯的操控也不是那么容易的。

要想把所有因素都考虑在内设计出控制红绿灯的"最优"程序,仅靠人已经无法做到了。这里我们就需要依靠AI。设定出城市整体的交通最佳状态后,交由AI来控制红绿灯。定期在 AI 中输入全城的拥堵量、尾气排放量、行人等候时间等计算数据，AI 通过分析不同的红绿灯控制方法对结果的影响，进一步优化控制方法。AI 还需学习各类活动及天气对交通的影响，掌握对应不同情况下的最佳控制方法。

综上所述，AI 自动将数据转变为知识（经验性的原则），并根据这些知识自动控制城市的交通流。此时控制红绿灯的不再是人设计的程序，而是由 AI 设计出的最佳的控制算法。这里有数据的参与，但是人却不参与了。这就是"数据驱动型社会"的第二层意思。

从信息社会到数据驱动型社会

综上，"数据驱动型社会"是指"物联网收集到的数据转变为信息或知识，人们利用这些信息或知识推动现实世界前进的社会；或者说是没有人的参与，现实世界自动进化的社会"。那么这个社会与"信息社会"有什么区别呢？在"信息社会"中，"信息"是产生价值的源泉。与此相对，"数据驱动型社会"无论从哪个意义上来讲，数据都是价值产生的源泉。对此，"未来投资战略 2018"[5]中有以下通俗易懂的解释。

"在 21 世纪的数据驱动型社会中，经济活动最重要的'食粮'是优质、最新且丰富的'实际数据'。数据本身拥有极其重要的价值，对数据领域的控制决定着企业的优劣。"

如果要与"信息社会"对应的话，似乎可以称这个社会为"数据社会"。但是考虑到随着今后技术的发展，无须人参与的广泛的自动化将得到普及，从这个意义上说，"数据驱动"的措辞应该更为贴切。这也是把"信息社会"的下一个时代称为"数据驱动型社会"的原因。

本节讲解了"数据驱动型社会"的两层含义。自动化社会看似更为先进，但是这并不是说人参与决策的社会是一种发展中期阶段，最终要完全实现自动化。两个层面的"数据驱动型社会"是共存的。确定红绿灯"最佳"控制方式的是人工智能，但是怎样是"最佳"却是由人决定的。根据可视化的城市交通状况进行讨论、做出决策，这在打造"以人为中心的社会"时扮演着越来越重要的角色。车辆畅行无阻的舒适与行人轻松过马路的舒适该如何平衡？舒适的标准也因人而异，而且不同的国家不同的时代对舒适的定义也不尽相同。今后需要包括公民在内的多方利益相关者共同探讨，找出一个平衡点。充分讨论后达成共识的结果通过技术来实现。两层含义上的"数据驱动型社会"的共存是"社会5.0"以人为中心的依托，是该机制灵活适用于不同国家与社会的有力支撑。如此一来，"社会5.0"中衍生出的解决对策就能为解决世界性社会问题贡献力量。

05

"工业4.0"与"社会5.0"

"工业4.0"是在2011年11月德意志联邦政府发布的"高科技战略2020行动计划"[7]中,作为运用高科技的战略主动权之一被采纳的。日本将"社会5.0"列为科学技术基本规划的政策是在2016年,因此"工业4.0"是早五年的先驱型概念。德国为何举国推进科技发展?在此,我们梳理"工业4.0"谋求的全新的产业界发展方向,同时通过二者的对比,试着将"社会5.0"的特征更为鲜明地表述出来。

什么是"工业4.0"

"工业4.0"(德语写法为"Industrie 4.0")由德国联邦教育研究部和联邦经济技术部主导,在软件公司SAP前首席执行官、德国工业协会会长孔翰宁的领导下,集政府机关、企业及高校之力探讨其如何具体化。其成果是2013年4月工作小组发布的名为"走向'战略主动权Industrie 4.0'的实现"[8]的报告书。

"工业4.0"通过在制造业中引进高度利用物联网技术的"物理信息系统",致力于建设能生产高附加值产品,并贯彻生产成本最小化的"智慧工厂"。在"智慧工厂"中,首先通过物联网设备及互联网收集物理空间(现实世界)中工厂等生产工序上的所有数据,将其在网络空间中重现。之后由AI对大量数据进行实时分析或仿真,得出最优解。接着就能够自主地控制物理空间(现实世界)中的工厂了。"智慧工厂"也可以说是"自主思考的工厂"。

例如,除普通的生产工序管理之外,还可以进行零件交易的结算,如果感知到生产设备异常或效率低下,还可以对此系统进行自动修复或工序变更,总之在所有场景下都实现了控制的自动化与最优化。在"智慧工厂"中,传感器和AI是主角。

虽说"工业4.0"是最先由德国提出的专有概念,不过目前看来制造业的物联网化在全球范围内得到了发展。通常称之为"第四次工业革命",这股大潮有望完全改变过去的工业生产方式。

那么为什么是"4.0"呢?在此我们重新回顾一下到目前为止各次工业革命的经过。

第一次工业革命是始于18世纪英国的机械化。使用蒸汽发动机和水力发动机大大提高了纺织业等行业的生产效率。接着第二次工业革命开始于19世纪末,是劳动密集型的大规模化生产。石油成为重要能源,电力成为主要动力,工厂也逐渐大型化。美国的福特汽车公司就是这个时期最典型的例子。接下来是第三次工业革命。第三次工业革命以20世纪70年代前后电子科学的引入为开端。由于工业开始引入机器人,一部分生产工序实现了自动化,进一步提高了生产效率。日本制造席卷全球就是在这个时期(图1-5)。

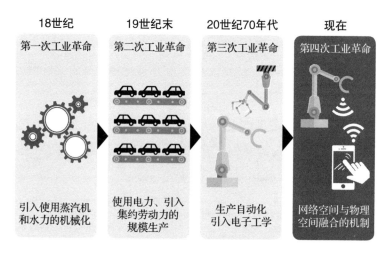

图1-5 工业革命的变迁与"第四次工业革命"的定位

"工业4.0"所标榜的"第四次工业革命"紧跟这些革命之后,不过众所周知,如今的日本在生产工序上已经采用了机器人与传感器,部分生产工序实现了自动化。从提高生产效率角度来看,也许很多人都会认为日本制造业已经实现了"工业4.0"。但是"工业4.0"追求的革命的本质不仅是制造环节的高效化。收集设计数据、客户数据、供应商数据等各个生产工序中的数据，创造出可以跨组织、跨领域共同利用的数据、信息、知识的循环才是最重要的。[9]

例如，过去商品卖出后就没有人关心其使用情况了，但是如果产品售出后继续收集这些产品的使用数据，从用户的大数据中挖掘潜在需求，有可能引出新的商机，这就是价值链的一种强化。或者，利用AI灵活应对客户的多样化需求，在不降低生产效率的前提下实现少量多样生产的"定制"，通过这种方式创造高附加值。通过上述超越过去生产工序框架的高度的数据运用，"工业4.0"与第三次工业革命的区别应该很容易理解了。

因此，"工业4.0"的这些举措虽然主要对象仍然是制造业，但是除了核心的汽车企业与电子器械企业外，还需要信息技术和通信企业、学术界以及行政机构共同合作开展数据的标准化与规格化，完善相应的制度。实际上，"信息合作"的想法在"工业4.0"发布之前就已存在。例如，20世纪80年代东京大学的坂村健教授在他的TRON项目中就提出"超功能分散系统"[10]的概念，他指出计算机将嵌入一切构成人类环境的道具及家具中，相互联成一体。此外，据麻省理工学院Auto-ID实验室联合创始人之一的凯文·阿什顿所说，连接各种物品与信息的物联网概念在1999年就出现了[11]。也就是说，在2011年的"工业4.0"提出之前，世界各国的企业和研究者们早已对"信息合作"理念做了很多研究，只是在"工业4.0"中重新强调了它的重要性而已。"工业4.0"作为德国依据TOP-DOWN设计举产学官之力推进的国家战略，其背后的这种实现跨行业"信息合作"的思想，才称得上是第四次工业革命的变革本质所在，它掌握着以制造业为首的产业发展的关键。日本经济产业省大臣也在参加德国汉诺威举办的"国际信息通信技术模范市（CeBIT 2017）"时，发布了代表日本产业变革目标的"Connected Industries"概念[12]。

"工业4.0"与"社会5.0"各自的目标

打出"工业4.0"口号的德意志联邦政府的"高科技战略2020行动计划"相当于日本的"科学技术基本规划"。对比"工业4.0"与"第5期科学技术基本规划"中提出的"社会5.0"可以发现，二者在以物联网、AI、大数据分析为代表的技术运用以及由政府主导的产学官合作进行的自上而下型研究方面，均有共通之处（图1-6）。

名称	工业4.0（德国）	社会5.0（日本）
规划	·高科技战略2020行动计划（德国联邦教育研究部　2011） ·面向"战略性主动权工业4.0"的实现（工业4.0工作组，2013）	·第5期科学技术基本规划（定于2016年内阁会议） ·科学技术创新综合战略2017（定于2017年内阁会议）
目标、对象	·智能工厂 ·主要是制造业	·超级智能社会 ·全社会
关键词	·CPS（物理信息系统） ·IoT（Internet of Things） ·大规模定制（少量多品种生产）	·虚拟空间与物理空间的高度融合 ·经济发展与解决社会课题的兼顾 ·以人为本的社会

出处：笔者绘制

图1-6　"工业4.0"与"社会5.0"的对比

另外，要说二者的区别，"工业4.0"的目标是智慧工厂，与之相对的，"社会5.0"的目标是超级智能社会。二者都要导入物理信息系统，但是在"工业4.0"中物理信息系统的对象是制造业，而在"社会5.0"中其对象则是全社会。

此外，"工业4.0"的评价指标是提高附加价值的同时将生产成本最小化，相对容易理解。而"社会5.0"的目标是建设超级智能社会。具体来说，是"地域、年龄、性别、语言等造成的差别不复存在，提供完善的物品及服务来应对多样化、潜在的需求，以此实现发展经济与解决社会问题的兼得，使人们过着宜居又充满活力的高品质生活，是以人为中心的社会"[13]，要达到这样的目标其评价指标必然会复杂一些。

"工业4.0"又被称为第四次工业革命，其发展前景是以制造业为中心的产业革命，但是它最终能为公民带来怎样的生活以及对普通社会产生怎样的影响并没有明确。与之相对，"社会5.0"则追求以人为本的社会，包含了技术研发对市民社会的影响，如何把握建设更好的社会的方向，照顾个人的喜好和多样性，朝更有包容性的社会进行变革等一系列的举措和展望。与被称为数字革命的一系列技术创新的未来发展目标可以说是大不相同。在这一点上，安倍首相在2017年的"CeBIT 2017"上曾谈到"社会5.0"，当时德国的默克尔总理对此也表现出赞成与可协商的姿态。[14,15,16]

"工业4.0"与"社会5.0"的共通问题

日本被称为课题型发达国家，日本面对的社会课题往往与许多复杂的因素相关联，有时常常陷入提高一方的指标，相反一方就会降低的矛盾处境。例如，减轻社会保障负担对财政来说可能是好事，但是对于医疗和护理一线来说却未必如此。还有，降低二氧化碳排放量是好事，但是如果人们未来为了节能而不得不忍受较差的生活质量，这就与"人人过着舒适且充满活力的高品质生活的以人为中心的社会"这一目标背道而驰了。

因此，"社会5.0"要想解决各种要素纷繁复杂的社会问题并实现以人为中心，就必须准确地梳理理想社会的指标，相应的新政策与技术研发要发挥的作用需要明确。本书第2章中对实现零碳社会和有活力的老龄化社会等类似的社会问题解决的指标进行了详细讲解，敬请参考。

在以智慧工厂为目标的"工业4.0"中，将制造业置于物理空间（现实世界）的中心，力求构建实现跨行业间横向信息的联系与生产工序之间纵向信息联系的网络空间。而与此相对，以超级智能社会为目标的"社会5.0"将城市社会置于物理空间（现实世界）的中心，这就意味着在"社会5.0"中构建的网络空间主要是为实现能源与交通等不同领域基础设施所提供的服务类横向信息的联系，以及每位公民的生活和成长过程中涉及的健康、医疗、消费、教育等的记录、属性数据之类的纵向信息的联系，并且在推进网络空间的运用时必须确保信息的安全性。

不论是"社会5.0"还是"工业4.0",都可以看作是日本与德国以国际社会中的战略主动地位向国际社会发出的信息。二者相似之处是跨行业、跨领域之间的信息合作,以及消除构建相应的网络空间时遭遇的制度性和技术性瓶颈。另外,在运用构建起来的网络空间时,建立ISO等的国际性标准化、规格化体系以及国际通用的信息安全机制与规则也是共通的问题。在这一点上,虽说欧美走在了前面,但是日本也要看清国际形势,率先推进营造信息合作必要的环境等事宜。正因为整个国际社会都将把网络空间作为一个安全的、可创造性的平台来用,因此不仅是日本和德国,包括欧美、中国等国家在内的全体国际社会如何通力合作是决定二者发展的关键。

日本的"社会5.0"还有一个问题,那就是如何实现全社会最优化与个人最优化的兼顾。不解决这个问题一切都无从谈起。必须就各个政策提案与技术研发在实现"社会5.0"的过程中的定位与发挥的作用达成一致,否则负责政策提案与技术研发的个体无从了解自己在未来的"社会5.0"中的定位与职责,最终眼光和思维容易局限于单独的技术或政策。

正因为如此,在之后的第2章中,我们将会在梳理当代日本面对的主要社会问题的基础上,对我们提倡的从居住开始的变革——"居住地革新"这一社会问题的研究进行讲解。德国提倡的"工业4.0"聚焦制造业,而"社会5.0"则是对未来社会的构想。也就是说,在"社会5.0"中,IT技术高度结合的对象不只是工业革命，还指向公民社会即公民的居住地（Habitat）的改革。将已经实践化的智慧城市举措进一步向前推进，必须将面向解决当下社会问题、以社会最优化为目的的政策提案与为公民提供舒适生活和先进服务的技术研发有效结合起来，并应用于"居住地革新"。在本书后面的内容中我们将试着就应对全社会最优化与个人最优化问题的思路进行探讨。

注释：

[1] 五神真"面向社会5.0（知识集约型社会）的社会变革与高校的作用"，财务省财政制度等审议会财政制度分科会资料，2017年10月。

http：//ww/mof. go. jp/about_mof/councils/fiscal_system_council /sub-of_fiscal_system/proceedings/material/zaiseia291004. html.

[2] 观光厅"关于入境游客统计的共通标准"。

http：//www. mlit. go. jp/kankocho/siryou/toukei/irikomi. html，2018年8月31日最终阅览。

[3] European Commission, Horizon 2020, https：//ec. europa. eu/programmes/horizon2020/en/，2018年8月24日最终阅览。

[4] Smart Citizen, https：//smartcitizen. me/，2018年7月24日最终阅览。

[5] 日本经济再生本部未来投资会议"未来投资战略2018——向'社会5.0''数据驱动型社会'的变革"（2018年6月）。

https：//www. kantei. go. jp/jp/somgo/keizaisaisei/#senryaku2018.

[6] 经济产业省产业结构审议会商务流通信息分科会信息经济小委员会"中间总结报告——展望CPS带来的数据驱动型社会变革"（2015年5月）。

http：//www.meti.go.jp/committee/sankoushin/shojo/johokeizai/report_001.html.

[7] 英文为"High-Tech Strategy 2020 Action Plan"。

[8] Industrie 4.0 Working Group "Recommendations for implementing the strategic initiative INDUSTRIE 4.0, Final report of the Industrie 4.0 Working Group" 2013 年 4 月。

[9]《日本版工业 4.0 的教科书——IoT 时代的制造战略》，山田太郎，日经 BP 社，2016 年。

[10]《TRON 计划'87—88》，坂村健编著，personal-media 株式会社，1988 年，p3-19。

[11] Kevin Ashton "That 'Internet of Things' Thing" RFID Journal, 22 July, 2009.

https：//www.rfidjournal.com/articles/view?4986.

[12]. 经济产业省"关于发表我国产业的愿景（概念）'Connected Industries'"，2017 年 3 月。

http：//meti.go.jp/press/2016/03/20170320001/2017030001.html

[13] 内阁府综合科学技术创新会议"科学技术创新综合战略 2017"（2017 年 6 月 2 日内阁会议决定）。

http：//www8.cao.go.jp/cstp/sogosenryaku/2017/honbun2017.pdf.

[14] 首相官邸"CeBIT（国际信息通信技术展会）2017 欢迎晚宴安倍首相讲话"。

https：//www.kantei.go.jp/jp/97_abe/statement/2017/0319welcome_night.html.

[15] JETRO "史上最大规模场地参加'CeBIT 2017'"。

https：//www.jetro.go.jp/jetro/topics/2017/1703_topics3.html.

[16] JETRO "安倍首相，提倡社会智能化'社会 5.0'——作为伙伴国参加 IT 展会'CeBIT 20'"。

[17] https：//www.jetro.go.jp/biznews/2017/04/2e50a128af33afd2.html.

第 2 章

从居住开始的变革
"居住地革新"

01
日本面临的社会问题

社会问题驱动因素

日本要应对的社会问题很多。少子化、老龄化程度今后还会进一步加深。不少地区经济衰退，人口稀少地区还会增加。而另一方面，大城市中又会出现人口集中引起的过密化、交通拥堵情况恶化，以及城市型大规模灾害风险升高等问题。即便是人员密集的大城市，服务业劳动力不足的问题也在加剧。但是这并不代表这个行业的工资丰厚，反而是非正式雇用的年轻贫困人口不断增加，加剧了少子化进程。达到劳动年龄的人口减少导致税收下降。与此同时，基础设施老化，维护费用不断增加。随着老龄化的发展，社保成本增加，劳动年龄人口的负担越发沉重。

我们该如何应对这么多的社会问题呢？与其逐一对症来解

决这么多的社会问题，不如找出问题的根源，思考如何从根本上解决问题。我们需要将引发社会问题的"主因"与"社会问题"分开考虑。主因与社会问题的因果关系虽说比较复杂，但是追溯主因的根源，有很多"现象"是不论日本社会是否乐意都必须面对的。这些现象衍生出更多的社会问题。

首先我们重新将社会问题定义为"有损于社会中很多人的生命、财产、自由、身为人的尊严的问题"。然后将引发社会问题的主因，也就是日本社会不得不接受的现象称为"社会问题驱动因素"。社会问题驱动因素本身并不是问题。例如，老龄化造成社保费用增加，间接导致年轻人群可支配收入（财产）减少，这时老龄化本身并不是社会问题，而是社会问题的驱动因素，而年轻人群可支配收入减少则是社会问题。

那么日本社会的社会问题驱动因素，也就是引发社会问题的主因有哪些呢？这些社会问题驱动因素会引发哪些社会问题呢？

劳动力人口减少

当下少子化的情况似乎还在持续。少子化的影响大致有三点。第一是日本人口减少，其中特别是年轻人口的减少，也就是劳动力人口的减少。现在的 7600 万劳动力人口，到 2050 年预计会锐减到 5200 万人，不到现在的 7 成（图2-1）[1]。而且由于人口持续老龄化，为照顾父母而离职的人数有所增加，劳动力人口恐会进一步减少。

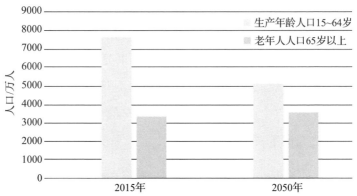

出处：据日本内阁府《平成29年版老龄社会白皮书》绘制。

图 2-1 不断减少的劳动年龄人口

劳动力人口虽然整体在减少，但是劳动力与就业的平衡却存在地区差异。在过去依靠制造业的经济增长模式下，通过在小城镇建工厂确保劳动力就业，通过完善连接小城镇与大城市消费圈的交通基础设施，降低人与物的流通成本，实现了小城镇与大城市经济的共同增长。但是产业结构由制造业转变为服务经济后，工厂转移到海外导致小城镇工厂停止雇用劳动力，小城镇的年轻人流向城市。然而即便如此，大城市的服务业劳动力依然供不应求，像便利店和运输业人手不足带来的影响日益显著，长时间劳动成为问题，同时，维持服务水平也开始成为难题。

虽说有望利用 AI 和机器人解决这个问题，但是如果无人便利店或者自动驾驶这样高度自动化得到推行的话，那么过去的雇用平台会大幅度流失。一旦失去雇用能力，小城镇来的年轻人将不得不拿着微薄的薪水，那么他们将不再有成家抚育下一代的想法，这进一步加剧了人口减少。所以说城市虽然吸收小城镇来的人口，但是却无益于人口增加，未来整个日本可能在城市人口过密问题得不到改善的情况下，人口进一步减少。

消费人口的稀疏化

少子化的第二大影响就是一二线城市以外地区的人口密度的降低。一直以来，随着人口增加，日本的城市规模不断扩张。即便今后人口减少，也很难在短时间内缩小居住地规模。虽然大城市因劳动力人口的流入人口密度可以得到维持，但是各地方以及郊区因人口减少导致人口密度下降。这就意味着需要为广阔地区中稀少的消费人口提供能源、水、教育、医疗等基本的基础设施服务。人口减少在基础设施方面的问题不仅是人口绝对数量的减少，而是居住地范围不变和人口密度下降引起的"消费人口稀疏化"。消费人口稀疏化导致每位消费者的基础设施服务成本增加。如果成本得不到维持，服务水平就会降低。例如，如果不铺设自来水管道，那么人们就只能每天到有自来水的地方或者供水站打水带回家。

老龄化

少子化的第三大影响是老龄化。当然这不只是因为少子化，还有长寿化的原因在里面。老龄化是指老年人口比例不断升高，是少子化与长寿化两种因素共同导致的现象。一方面，人口减少导致生产力降低，经济增长放缓，国家和地方自治体的税收相应减少。另一方面，老龄化导致社会保障费增加（图2-2）[2]。老百姓不得不忍受国家与地方自治体因财政恶化而引起的社会服务水平下降，或者为维持社会服务水平导致的负担增大。并且税收下降导致政府失去缩小贫富差距、救助弱者的财政来源，可能会引起跨年龄段的贫富差距常态化。这不仅会增加社会不稳定因素，而且导致处于社会底层的人们即使有能力也没有机会发挥，最终导致日本丧失竞争力，生产力进一步下降。

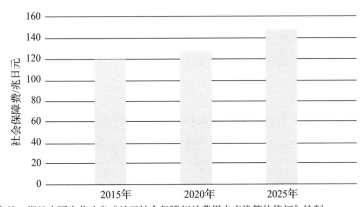

出处：据日本厚生劳动省《关于社会保障相关费用未来推算的修订》绘制。

图 2-2 增加的社会保障费

基础设施老化

前文谈到消费人口的稀疏化导致基础设施利用率变差，基础设施老化本身就是与人口问题相互独立的一个社会矛盾驱动因素。日本的基础设施大规模兴建于 20 世纪 50 年代到 20 世纪 70 年代的高度经济增长期。经过 50 年的使用，现在道路、桥梁、水管等各种基础设施都有不同程度的折旧，增加了社会成本（图 2-3）[3]。预计 2011 年到 2060 年的 50 年间需要大约 190 兆日元用于基础设施更新。

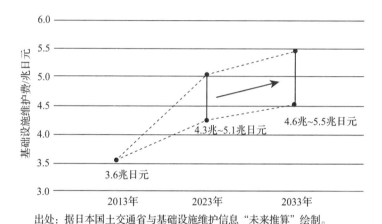

出处：据日本国土交通省与基础设施维护信息"未来推算"绘制。

图 2-3 增加的基础设施维护费

向可再生能源的过渡

有些基础设施的更新是源于世界性的需求。日本遵守 COP21 上的《巴黎协定》，向全世界保证实现低碳社会，因此今后将会转向使用可再生能源（图 2-4）。随着风能和太阳能这种输出功率变化大且无法控制的再生能源的导入，供需平衡将越发难以调节，还会产生频率调节、抑制大规模逆流、应对电压变化等诸多问题。要解决这些问题，就要加大对电力系统设备的投资，但这样又会诱发因发电、蓄电单价升高而导致的能源价格上涨，因调节供需能力匮乏而导致的电力系统不稳定等新的社会问题。

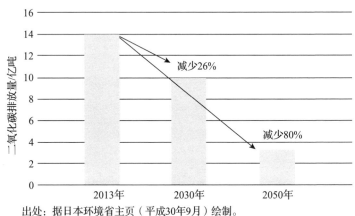

出处：据日本环境省主页（平成30年9月）绘制。

图2-4 二氧化碳排放削减目标[4]

换句话说，为实现零碳社会，降低可再生能源的价格、控制能源消耗集中的大城市的节能与需求、为地方城市与郊区稀疏化的消费人口提供低价的能源都是日本面临的问题。对于这些问题如果不给予恰当的处理，就会引发能源单价上涨与系统不稳定的情况。这不仅会给居民的生活带来不便，还会剥夺工业的竞争力，成为阻碍日本经济增长的因素，最终导致生产力下降。

图2-5中揭示了上述关系。本小节梳理了日本社会无法避免的变化（社会问题驱动因素）以及由此产生的社会问题，还有这些社会问题对生活质量（Quality of Life，QoL）的影响以及三者之间的关系。

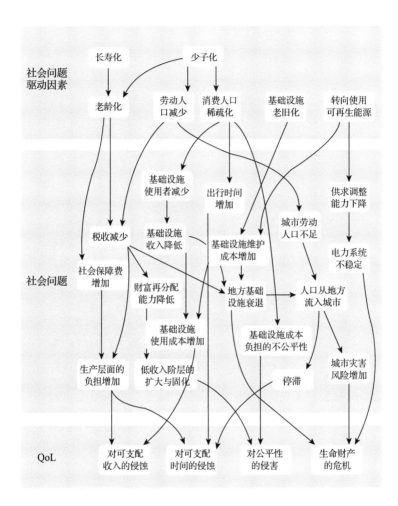

图 2-5　社会问题驱动因素与社会问题

下一节中，我们将会就如何解决这些社会问题进行论述。

02

居住地革新与架构

目标指标的因式分解

我们该如何应对上一节所说的社会问题呢？从某种意义上说，日本的社会问题其实是不断降低的生产力要如何填补不断增加的社会成本。社会成本不仅包括医疗费和基础设施维护费等金钱方面的成本，还包括二氧化碳排放之类的环境负荷。生产力的降低是由少子化与老龄化造成的。

常见的一个陷阱是让人类迁就忍耐。关键绩效指标考核（Key Performance Indicator，KPI）是考量成本与生产力的政策目标，但是如果单纯局限于这个数字，就会陷入尽可能零成本、尽可能长时间工作的思考方式。例如，"人均二氧化碳排放量"指标表示降低人均二氧化碳排放量，容易给人一种最好不活动，或者人应该降低生活要求的感觉。

然而"社会 5.0"的目标不仅是解决社会问题,还要实现充满活力的以人为中心的社会。强迫人们忍耐生活质量下降违背了"社会 5.0"的基本理念。在本书提出的"居住地革新"理念中,不仅关注 KPI,更着眼于计算 KPI 的因数,从相关要素中寻找解决方法。

以"人均二氧化碳排放量"为例,我们试着分解图 2-6 所示的这个指标。公式右侧的"能源总量"指全日本使用的能源总量。二氧化碳会随着能源消耗而排放,所以我们自然会在加入这个量的基础上,考虑减少"人均二氧化碳排放量"来解决问题。右侧的数字一看便知,如果右侧第一项足够小的话,那么就不必刻意减小第二项,也就是说可以不用降低生活质量。

$$\frac{CO_2 排放量}{人口} = \frac{CO_2 排放量}{能源总量} \times \frac{能源总量}{人口}$$

图 2-6　CO_2 排放量的分解(1)

而想要减小第一项只有在转变为使用可再生能源上下功夫。如果能够改变能源结构,提高风力发电与太阳能发电的比例,降低石油石化燃料等不可再生能源的比例,那么就算能源消耗有所增加,二氧化碳排放量一样可以减少。

不过要在短期内将所有能源都切换成可再生能源还是很有难度的。这是否意味着一直以来为了减小"人均二氧化碳排放量",人们都必须忍耐着尽量不消耗能源呢?在此我们试着转变一下思路。说到底,充满活力的生活与能源消耗量是成正比的吗?能耗所替换的不只是精神层面的丰盈。例如,没人的房间里空调自动停止,既不影响生活舒适性又能降低能耗。使用 LED 电灯,既能享受同样的亮度又能降低能耗。也就是说,人们的活动量与能源使用量无关,而技术创新可以同时满足人们的活动量(如太阳落山后的活动)与降低能耗(使用 LED)的需求。按照这个思路,将图 2-6 所示的公式中等号右侧第二项进一步分解就得到图 2-7 所示的公式。

图 2-7 CO_2 排放量的分解(2)

基于因式分解的社会问题研究

将 KPI 分解为图 2-7 中的三项来讨论"社会 5.0"的实现方法,即"居住地革新"的研究手法。

从社会的角度,我们致力于将等号左侧缩小,而从个人的角度,则希望扩大等号右侧第三项。那么我们就需要尽可能地缩小等号右侧第一项和第二项以求实现两方面的共赢。一方面,要想缩小等号右侧第一项,二氧化碳的例子启发我们改变产生成本的结构本身,我们称为"结构转换",要想实现"结构转换",就离不开政府的政策主导。而另一方面,缩小等号右侧第二项意味着要找到新的方法以达到使用较少能源就能享受优质生活的目的。可以通过自动化、最优化、节能技术研发来实现。在此我们重新将其定义为"技术创新"。而等号右侧第三项表示人们生活的丰富程度,我们称为生活质量(QoL)。这个公式中引入的"活动总量"更多的是一种概念性的东西,在此不为它下定量的指标性定义。但是这个公式告诉我们如何定义这个指标是一个非常重要的论点。

居住地革新的对象不仅是环境问题。后文中即将针对社会上各种降低成本与提高生产力,都可以通过结构转换、技术创新、QoL 这三项的因式分解来探讨解决方案。

第 1 章中讲到"社会 5.0"是虚拟物理融合带来的数据驱动型社会。那么居住地革新的因式分解与这种信息与通信技术(ICT)是什么关系呢?虚拟物理融合说到底是一种机制,而居住地革新是这种机制的一个使用指向。

首先,结构转换项提示了将虚拟物理融合机制用于政策制定的方向性。要想实现社会的大规模结构转换,需要定量地把握现状,预测未来动向,对政策取舍的前期进行对比性评价。就二氧化碳的例子来说,对能源需求的把握与长期预测,对可再生能源技术的可行性、经济性研究就属于此范畴。而以物理空间(现实世界)中收集到的数据实现社会的可视化,通过网络空间内的仿真进行预测与评价则是有效手段。

其次,技术创新项提示了将虚拟物理融合用于实现零耗能的高效社会的方向性。在网络空间中建立现实世界的详细模型，在此基础上制订资源使用计划，应该就可以避免资源浪费。例如，如果能从整体上预测一个城市中人们的行为，那么像交通、照明和空调都可以以此为参考制定合理规划以避免浪费。

最后，QoL项提示了为丰富人们生活的新服务所需的数据的方向性。这里包含了居民利用数据靠自己的力量推动社会发展的方向性。若能通过数据的应用实现社会问题的定量性可视化，那么在行政机构、企业以及居民等相关利益方之间对等的课题共享就将成为可能。这样一来，数据就成为居民能够与行政机构、企业以及其他居民交流的重要工具。

以居民为出发点的革新

实际上，一直以来政府和企业都在主导推进政策层面的结构转换与技术创新以提高社会效率。不过数据驱动型社会与以往最大的不同在于居民对数据的充分运用有可能引发以居民为出发点的革新。我们把提出的研究方法称为"居住地革新"也是基于这一认识。

然而，如果居民没有使用数据的习惯，那就没人会用数据了。即使有人用，如果使用方式不当，例如部分人将数据用于一己私利，或者行政机构苦于应付狭隘且变化无常的民意等，反而会加剧社会的不稳定。因此我们必须考虑如何提高居民以及行政机构、企业在数字时代的信息应用能力。

通过有一定可信度的数据使行政机构和企业更加开放，居民一方面产生新数据，同时持续、积极地参与数据应用，行政机构和企业对此给出负责任的反馈。希望通过这样的循环逐渐形成促进社会成熟的好风气、好习惯、好文化。此外，与相关利益方就这个过程中出现的服务、技术与法规等进行反复讨论，使我们的社会逐渐变为居民为主体的社会，居民能够靠自己发起以居民为出发点的变革，这就是居住地革新。通过以居民为主体的数据运用，实现解决社会问题与经济增长的兼得，创造可持续发展的城市，这就是从居住地革新来实现"社会5.0"。

在居住地革新中可以利用工学、社会科学、人文科学等的知识积累，明确什么是个人层面上的 QoL 提升、相应政策与技术各自的作用。另外，需要研发跨领域应用数据的平台、社会与个人的便利性模拟预测技术、针对长期变动的需求和潜在的需求进行可追踪的高性能系统结构等技术。将这些技术以居民为出发点推广至全社会，力求实现可持续的"社会5.0"。

下一节中我们将根据上述概念对几个社会问题驱动因素加以深究。不论是哪个问题，都得益于结构转变项与技术创新项的贡献，相应增大了 QoL 项。其实如何提升 QoL 项还包含如何定义 QoL 的问题，本书将持续围绕这个问题展开探讨，接下来将对结构转换项与技术创新项采取的措施进行说明。

03
居住地革新框架在主要社会问题上的应用

向可再生能源的转移

就日本在环境方面的社会问题来说，主要是为实现零碳社会而转向使用再生能源的过程中出现的诸多问题。采用可再生能源需要基础传送网络、配电网络之类的设备投资，导致能源价格上涨。而且可再生能源发电的成本也高于传统能源，因此能源单价也会上升。还有自然能源受天气影响较大，很难因时制宜地发电，导致供求调节能力降低。一旦供求平衡被严重打破，就可能引发大规模停电。

居住地革新的目标是在确保人们生活舒适性的同时减少二氧化碳排放量。而减少二氧化碳排放量与舒适性并存的依据就是图2-7所示的对二氧化碳排放量的分解。公式等号左侧表示人均二氧化碳排放量，减小等号左侧的值等于全社会的最优化。左侧表示右侧三项（结构转换项、技术创新项、QoL 项）相乘的结果。"社会 5.0"的目标是维持或增大第三项 QoL，因此只要减小其他两项就可以了。

1. 结构转换

从这一项可以看出减少所消耗能源的平均二氧化碳排放量的必要性。这意味着需要提高消耗能源中可再生能源的比例。只不过，在推进可再生能源导入的同时必须考虑能源的环保性、稳定性与经济性。例如，作为能源的基础系统，为实现一个地区内的自产自销，必须加强配电网与跨区域送电网的建设。此外，还要通过利用信息技术的精准控制技术确保系统的稳定性。要提高需求预测的精确度就需要从社会及企业收集各种数据。需要相应的政策提案来促进设备投资与改革投资，以及促进数据收集与利用的激励措施。

2. 技术创新

这一项所展现的为通过技术创新减少的社会能耗。消除多余的能耗可以在不影响人类实质性活动总量的前提下降低能耗总量。例如，在公共交通方面若能够根据乘客人数灵活调整时刻表，便可减少不必要的能耗。针对快递配送遇到家里无人的问题，可以通过掌握收件人在家的时间以及设计最佳配送路线来减少能耗浪费。其中必不可少的是配套研发保护个人隐私的技术。在工业领域以及大型建筑方面，将各种物联网仪器和传感器所收集到的数据统合经过高精度预测进行模拟实验来降低能耗峰值并在不同地区之间实现能源流通。如此便能控制能源供给的最大值，防止向可再生能源转移时能源供给设施产生不必要的冗余。而对于消费者来说，这意味着电费将会降低。此外，如果需要普通消费者来实现节能，则要辅助消费者能够自由行动，同时需要相应的技术为个人提供有助于节能的行为建议。若要实施上述技术创新，其前提是要有完善的跨社会、跨产业的数据流通基础。

劳动力人口的减少

日本由于少子化问题造成人口减少，劳动力人口也在减少。现在有一定数量的外国劳动力在弥补短缺的劳动力人口，支撑着城市地区的服务业与地方的农业。但是未来随着全亚洲老龄化问题的不断加剧，国家间将会形成劳动力竞争关系，会导致日本的外国劳动力也减少。换言之，不久的将来，日本将面临本国劳动力与外国劳动力同时减少的局面。此外，与其他发达国家相比，日本的劳动生产效率相对较低，只能通过已成为常态的长时间劳动来弥补生产效率低下的问题。因此，日本在劳动生产效率方面仍需提高。

在居住地革新中，将劳动生产效率分解，如图 2-8 所示。等式左侧为人均的生产附加价值，从全社会角度来说，需要扩大这一项。等号右侧为结构转换项（单位劳动时间产出的附加价值)、技术创新项（产生可支配时间所需的劳动时间）、QoL 项（个人可支配时间）相乘的结果。可以将这三项分别看作生产效率、劳动时间和自由生活时间以便于理解。充分提高生产效率，缩短劳动时间，增加生活悠闲度是居住地革新的目标。若要实现充满活力的生活必然离不开劳动，但是人们自由支配的时间也是必不可少的。

$$\frac{\text{附加价值}}{\text{人口}} = \frac{\text{附加价值}}{\text{总工作时间}} \times \frac{\text{总工作时间}}{\text{可支配时间}} \times \frac{\text{可支配时间}}{\text{人口}}$$

$$\boxed{\text{结构转换}} \times \boxed{\text{技术创新}} \times \boxed{\text{QoL}}$$

图 2-8 劳动生产效率的分解

在考虑劳动生产效率时，有必要将劳动时间分成创造价值的净"工作时间"与由出行时间、准备工作所需资源的等待时间组成的"工作准备时间"来讨论。在提高单位工作时间生产效率的同时，减少工作准备时间，从而增加个人能够自由支配的可支配时间。此外，此处把出行时间等称为工作准备时间而非工作时间仅为便于说明问题，在法律上出行时间是否可以被认定为工作时间则另需讨论。

1. 结构转换

这一项表示工作时间所对应的价值生产量，即提高价值生产效率的必要条件。拥有工作是生活充满活力的必要条件。无论是数据应用还是 AI 带来的自动化，其目的都是创造新的产业,而非消除就业机会。历史上每一次出现自动化的时候,都必然伴随着由生活及工作变化产生的新兴产业。居住地革新便是通过整合跨行业数据,创造出发掘新需求与新机会的分析技术。为此就需要有促进产业向高附加值服务转换的刺激政策,以及推进数据开放化的法律制度。此外,还需要相应的教育提案以培养拥有创造新价值的思维能力与行动力,并能适应数字时代全新工作方式的人才。

2. 技术创新

在减少工作准备时间增加可支配时间方面,技术可以发挥极大作用。若能通过虚拟现实与通信技术实现身处自家或卫星办公室如同在真正的办公室一样,便可以大大减少通勤时间。利用分身机器人,可以实现人在远方也能以假想的形式出现在别的地方进行作业。而当有出行需要时,若能够实现动态组合多种交通方式从中提供最佳出行手段的无缝出行服务(Mobility as a Service,MaaS),出行效率将大大提高。以现实世界的数据为基础,可以优化跨企业的业务调度,缩短工作不同步所带来的工作准备时间。

基础设施老化与消费人口稀疏化

基础设施老化与消费人口稀疏化的关系十分密切,因而放在一起加以说明。日本的社会基础设施大多建于经济高增长期,使用年限逐渐接近极限。基础设施的维护需要不断更新,但是由于人口减少,设施使用人数不断下降,因此也不必按现有规模进行维护。今后有必要根据人口减少情况对基础设施进行更新。

在此需要认识到,基础设施规模无法根据人口数量变化等比例缩小。过去居住范围随人口增加而扩大,而人口减少时期是在保持原有范围的同时人口密度降低(稀疏化)。若单纯根据人口减少而调整供给服务,则会给使用者带来麻烦。例如,儿童人数减少需要相应地减少当地的学校数量。但是在不改变原有范围的情况下减少学校,便会导致远距离上下学的儿童数量有所增加。同理,医院和小卖店也会因为根据需要减少相应设施数量的同时增加了远距离移动的人数。此外,物流、水、能源等配送型服务需要在较广区域内为少数人提供服务,因此抬高了人均负担成本。

消费人口的稀疏化会增加生活成本及时间成本。未来城市若能实现密集化则可以解决上述问题。然而在此之前有必要保证居住稀疏化的人群的生活便利性。

居住地革新将基础设施老化分解为图2-9所示的形式。等号左侧为人均基础设施维护成本,减少这一项可以实现全社会的最优化。等号右侧第三项(QoL项)为人均接受服务量,同时扩大这一项是"社会5.0"的基本理念。在此,需要尽可能缩小等号右侧第一项(结构转换项)与第二项(技术创新项)。

$$\frac{\text{基础设施维护成本}}{\text{人口}} = \frac{\text{基础设施维护成本}}{\text{人与物运送量}} \times \frac{\text{人与物运送量}}{\text{服务量}} \times \frac{\text{服务量}}{\text{人口}}$$

$$\boxed{\text{结构转换}} \times \boxed{\text{技术创新}} \times \boxed{\text{QoL}}$$

图 2-9 基础设施老化的分解

缩小第一项的目的是在确保人与物的物理运输量的基础上降低维护成本，其最有效的方法便是缩小居住地区。若实现了城市的密集化，在保证运输量的情况下，运输距离变小便可以控制总成本。然而短期内难以实现城市密集化，因此就需要缩小第二项。希望通过技术创新，在保证充足的服务量的同时减少物理运输量。

1. 结构转换

缩小社会基础设施资产，就是要实现居住地区的密集化。若能把分散在郊区的住宅集中在有限的地区，便可以在该地区建设方便大多数人使用的基础设施。然而强制性搬迁剥夺了人们按照自己意愿生活的权利，违背了"社会5.0"所追求的人性化生活。因此，一方面需要提升城市魅力来吸引人们自发地搬迁，另一方面要根据人口减少量在周边地区建设灵活可变的社会基础设施系统。以交通为例，城市里有轨道交通，周边地区辅以公交车或共享汽车。为此需要相应地放宽限制及城市规划。

有时降低需求峰值有助于缩小设施。以能源使用为例，使用蓄电池能够降低发电的需求峰值，因此只需配备小型发电机即可，小型设备也较易渐次报废。还可以通过居民的配合来降低需求峰值，其中号召人们错峰出行便是典型的例子。在此并非强制人们忍耐，而是通过一定的刺激性设计使人们在继续享受舒适生活的前提下给予配合。

2. 技术创新

为保证居住人口较为分散的城市也能控制基础设施使用成本，需要技术创新。可动态调整运行时间的公交车、共享汽车等相结合按需提供最佳出行方式的交通服务便是其中一例。如果能够减少不必要的运行、提高乘车率，就能控制使用成本。此外，远程学习、远程医疗、远程护理等信息技术的使用成本远低于人们的出行成本。自动驾驶和无人机配送货物可以降低人工费。利用何时在家的信息确定配送路线可以减少二次配送。为此，有必要充分运用数据、信息技术、机器人技术来降低社会服务使用成本。

在"社会5.0"中，追求全社会最优化（解决社会问题）的同时，也要实现个人最优化（以人为中心的社会）。本章阐述了通过KPI因式分解找出实现兼得的可能性。本书提倡的居住地革新中将此思路应用在众多问题上。具体措施将在第4章以后进行讲解，第3章我们一起来看当下的智慧城市作为"社会5.0"的前一阶段进行了哪些尝试，又发现了哪些问题。

注释:

[1]《平成 29 年版老龄社会白皮书》,由内阁府制成。
http：//www8.cao.go.jp/kourei/whitepaper/w-2018/html/zenbun/s1_1_1,html.

[2]《关于社会保障相关费用未来推算的修订(平成 24 年 3 月)》,厚生劳动省。

[3] 由国土交通省基础设施维护信息"未来推算"制成。
http：//www.nlit.go.jp/sogoseisaku/maintenance/02research/02_01_01.thml.

[4] 由环境省主页"日本的约束草案(2020 年以后新温室气体减排目标)"制成。
https：//www.env.go.jp/earth/ondanka/ghg/2020.html.

第 3 章

从智慧城市到"社会 5.0"

01

什么是智慧城市

结合 IT 实现城市的智能化

前文对"社会5.0"相关的概念进行了整理。本章主要对运用 IT 技术的智慧城市项目的现状进行整理与概括。"社会5.0"的目标是建设一个超级智能社会,那么现代的"智慧城市"是如何发展的?建设智慧城市又是怎样与"社会5.0"联系起来的呢?至今在世界各地开展了众多智慧城市建设项目[1]。以下将以2000年以后欧美和日本各地进行的智慧城市建设为例,回顾智慧城市的建设过程,对其现状进行论述。

结合信息技术与服务业,实现服务高度化和新型商业模式创新的例子不胜枚举,尤其以交通领域和能源领域最为突出。例如,日本许多公交线路都配有公交位置信息系统,乘客可以通过该系统确认公交车当前所在位置和到达时间。在记录了公交路线的网络空间内，公交车的位置信息随着公交车的移动被不断更新，更新后的信息会被传送到乘客的智能手机里。候车乘客就如等待电梯的乘客一样，可以随时掌握自己要乘坐的公交车的当前所在地，并做好心理准备。与在一无所知的情况下等待相比，做好了心理预设的候车要舒服得多。此系统可以有效减轻乘客等待时的焦躁感。汽车上搭载的导航系统和电子地图也是一种网络空间，通过对汽车行驶前方的情况进行监控、预测，并反馈给驾驶员来辅助驾驶。此外，更加先进的自动驾驶技术也在逐渐普及。

上述导航系统可以缓解交通拥堵情况，从而减少移动所需要的能源和时间。不仅是公交车和汽车，如今出租车与铁路交通也配备了这一设备，通过信息技术可有效缓解交通拥堵。IT技术的应用使现有的服务系统得到了进一步的发展，更加智能化（智能、智慧），形成了更加高度智能化的服务系统。在这种智能化系统支撑下的服务，将进一步引领我们的城市社会走向智能化社会。而"社会5.0"便是智能化系统进一步的发展形态，不仅能提高每一位城市生活者生活的便利度和舒适度，还可以有效应对社会所面临的地球温室化、老龄化社会等问题。

这种将信息技术和现有服务相结合促进社会的进一步发展的想法，以及通过发展以信息技术为代表的各类技术以实现社会发展的想法，便是前述"科学技术基本规划"中"社会5.0"设计基础所提到的"超级智能社会"。即通过积极、有效地利用网络空间等不断创造出新的价值和服务,为社会主体——人类提供高品质的生活。此外,经济团体联合会提出的"通过实现社会5.0实现日本的复兴"[2]认为"社会5.0"不仅限于单个领域,更与社会整体有关。其中包括如何有效率地实现"时间、空间中的解放""解决复杂的社会问题""创造新型商业模型,实现全球化的经济增长"等。

城市通用的基础技术:从实证实验到实践化

电力能源系统是信息技术和现有服务系统相结合的城市应用实例之一。尤其是进入2000年后,"智慧城市"建设在世界各地迅速展开。当初,这一系统还是一种新型的电力能源系统,如今已成为人们耳熟能详的词汇,在日本社会中得到了广泛的应用。

并且,现在地方自治体与民间事业方建设的智慧城市已经不仅停留在电力能源领域,更进一步地扩展到了交通、医疗、福利、废弃物等多个领域,"智慧城市"概念所覆盖的领域得到了极大的扩展。"智慧城市"经历了从实证实验到实践化的发展,欧美和包括日本在内的亚洲国家所进行的智慧城市建设已经成了一种范本,智慧城市概念所涵盖的领域也在不断扩展。

智慧城市从字面意思来说就是智能的(即智慧、知性)的城市。通过结合电力、轨道交通系统等多样的服务、活动、物品和信息技术，实现城市生活的便利、舒适以及安全。并且通过这一系列举措解决现有的城市问题。各个城市固然有其特征，但也有一些问题是共通的，同时还有一些问题是各个城市所固有的。从日本全国范围来看，城市问题可谓是多种多样。当然，这些问题的解决方法也根据地区社会、地理条件等的不同而有所差异。既有通用的解决方法，也需要具体问题具体分析。

电力系统等基础技术是城市的基础设施之一，是各个城市共通的。从国际范围来看，这一系统受到温度差的影响。欧美各城市已普及了太阳能发电、风力发电，在电力自由化方面比日本更加先进。在这些城市中，尽快实现电力供给源的多样化和满足需求方的不同需求是第一要务，因此他们致力于实现智能电网系统的实践化。下文将对2000年后急速发展的"智慧城市"建设情况进行整理，并对今后发展的方向进行探讨。

02

能源管理的智能化

电力供给系统的智能化

2000年以后的智慧城市建设可以说是从各城市共通的基础技术——电力系统的智能化开始的。当时的主角是结合了地域能源供给和信息技术的新系统——"智能电网""小规模发电网""智能住宅"等。

这些可以说是在智慧城市发展的第一阶段最具代表性的关键词。在"智能电网""小规模发电网"中,被称作 CEMS (Community Energy Management System)的能源管理系统起到了核心支撑作用。此外,"智能住宅"应用了 HEMS (Home Energy Management System) 技术,在住宅中实现了高技术的能源管理。

这些新型能源管理系统的实践化和积极应用,带动了智慧城市的发展。下面将对它们的情况进行整理。

智能电网

"智能电网"指将电力供给和信息技术相结合,将电力供给方和需求方的信息联系起来,实现一种传统的中央控制系统无法实现的新型电力管理方式。这种管理方式可以实现电力供给的多样化和送电网络内的供需平衡,从而降低成本,防止因负荷过大而导致停电等状况的发生,是一种新型电力管理系统。日本从前一直采用的是以大型电力公司为中心的中央电力管理系统,因发电和送电分离,电力基建设施的维修和管理一直是一个亟待解决的问题,同时因基建设施的老化,曾经多次发生过大规模停电。通过在送电网中导入有通信功能的智能电表等传感器,日本有效地解决了这一问题,减少了因负荷过量导致的事故发生次数,同时实现了更有效的送电路线变更等。此外,欧洲不断推进太阳能发电和风力发电等再生能源的应用,通过结合送电网和信息技术的智能电网系统,实现了电力供给多样化和送电网内供需的平衡。

小规模发电网

"小规模发电网"系统在特定区域内积极地导入太阳能发电、风力发电、生物发电等可再生能源发电技术,并使用了应用信息技术的传感器实现对电力的控制和管理。从前依赖大型发电站的电力系统因远距离送电引起了许多不必要的电力损失和环境问题。通过"小规模发电网"系统，城市不再依赖大型发电站供电，转而以地区内的可再生自然能源为主要供应源，实现了能源的自产自销。根据日立制作所的调查，当前美国的小规模发电网的情况如下。

"小规模发电网在平时和一般的电力网一样工作，但当停电发生的时候，这一系统可以独立进行工作（分离模式）。当今社会对技术的依赖不断增加，因此一旦停电，就会影响到社会各个方面。同时美国由于基础设施的老化、网络及物理性威胁因素等原因，经常发生停电。因此，美国在对小规模发电网和其他分散型能源方案进行比较和选择时，非常看重在停电时不受影响，可继续以分离模式进行独立工作的能力。这个需求对其在电力供应网的选择上有着十分重要的影响。此外，小规模发电网也可以减少能源消耗、碳排放量。"

"小规模发电网在实现能源的安全性和恢复性的同时，还可以减少碳排放量和能源消耗，对社会也有十分积极的作用。美国希望通过这一系统能够在自然灾害、恐怖袭击等情况发生时保护国民的安全和社区层级内的快速重建。"[3]

智能住宅

20 世纪 80 年代起开始流行智能住宅概念,它可以通过信息网络对住宅内的家电和设备进行有效的管理。随着互联网、家电产品的电子化以及宽带的普及,通过住宅内的网络对家电产品进行管理和保护的系统概念得以形成。近年来,随着 HEMS 的导入,住宅内的家电、太阳能发电、蓄电池、汽车等之间的连接得以实现。主要实现了可对住宅内的能源需求和供给进行统一管理。

下一节介绍的日本的智慧社区、智慧城市中的许多例子就是应用了前文所提到的 CEMS 技术,并根据区域特点对其进行了调整和发展。以下将更为详细地分类型对其进行介绍。

03

日本的智慧社区·智慧城市

以 CEMS 为核心的智慧社区

欧美国家的城市在普及智能电网、小规模送电网等电力供给系统的同时，在电力自由化方面稍显滞后的日本以防止地球温室化、实现低碳生活等为目标，通过在全国范围内进行补助，依靠地方自治体和民间事业者在指定地区内进行了与电力系统相关的实证实践化事业建设。

1997 年在防止地球温室化京都会议（COP3）上通过了《京都议定书》。在该议定书中日本制订了减少温室气体 6% 的目标（以 1990 年为标准，氟利昂的标准以 1995 年为标准），为达成该目标，2005 年 4 月日本政府通过内阁会议通过了《京都议定书目标达成计划》等方针。此外，2008 年 3 月通过内阁会议决定对其进行了修订。进入 2000 年以后，相关省厅不断制定和提出以促进实证实验等事业发展为目的的国家级事业制度。

经济产业省于 2009 年 11 月开办了"次世代能源·社会系统协议会",并完善了"次世代能源·社会系统实证事业"的实施体制[4]。该实证事业以下五点为目标。①大力导入新能源,保证系统的稳定性(建设强有力的电力基础设施,以期实现自然能源的大规模应用)。②利用信息技术,降低能源消耗和负荷(利用信息技术,创造出既快捷又节省能源的次世代生活的实例)。③以"系统"为卖点的成长战略(以"系统"的海外发展为目标制定成长战略)。④标准(提早制定符合新时代系统的标准,引领世界)。⑤从实证到实现,完善商业环境,加强和相关省厅(国土交通省、农林水产省、文部科学省等)的合作,构建财政系统,对相关制度进行改革。2010 年 4 月确定了神奈川县横滨市、爱知县丰田市、京都府京阪奈学研都市、福冈县北九州市四地区为实证地区。[5]

2010—2014 年的五年间,各地区和当地的民间企业合作,横滨市以"横滨智慧社区项目",京阪奈学研都市(关西文化学术研究都市)以"京阪奈节能都市次世代能源·社会系统实证",丰田市以"Smart Melit(Smart Mobility & Energy Life in Toyota City)",北九州市以"北九州智慧社区创造事业"为计划,号召居民加入,开展了有特色的实证事业(四地区实证)。[6,7]

这些事业都基于当地城市布局,进行了 CEMS 构筑,基于地区特色对运用结果进行了检测。在现有城市的住宅和楼房中导入 HEMS、BEMS（Building Energy Management System）、蓄电池、EV 等技术，并通过需求反馈和积点制度等实现了在 CEMS 技术下的一体化地区能源管理的构建。日本的智慧社区·智慧城市建设，走出了以 CEMS 构造为主要目标的特色路线。

此外，"智慧社区构想普及支援事业""次世代能源技术实证事业""智慧社区导入促进事业""智能能源系统导入促进事业"等事业通过公开投票被选定为经济产业省的相关事业，并通过地方自治体、民间事业者以及双方合作在全国各地被推广。

大规模城市开发下的智慧城市

比起在已经具备了电力供给系统、城市基础设施和住宅等设施的城市中导入新系统的建设模式，大规模城市的开发相当于从零开始建设城市。因此较容易导入供电线、道路、天然气、通信等与城市基础设施相关的先进硬件设施。而由新型硬件设施支撑的新型居住环境和生活方式也可以帮助打造新城市的品牌。

进入 2010 年以后，千叶县柏市的"柏之叶智慧城市"[8,9]和神奈川县藤泽市的"Fujisawa 可持续·智慧城市（Fujisawa SST)[10]"等发展迅速，已经成为日本新城市中智慧城市的代表（图 3-1）。

第 3 章　从智慧城市到"社会 5.0"　　073

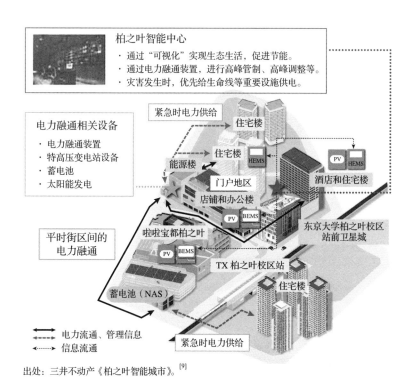

出处：三井不动产《柏之叶智能城市》。[9]

图 3 - 1　包括柏之叶智慧城市在内的城市开发地区

柏之叶智慧城市坐落于筑波特快线的柏之叶校区站附近，占地约 273 公顷（计划人口约 2.6 万人）。

2011 年东日本大地震时该地区经历过停电。同年，该地区被选定为国家级的环境未来城市（参照第 3 章第 4 节），在国家的资助下开展了新城市建设。柏市和三井不动产株式会社等为主要建设者，以地球友好型环境共生城市、安心生活健康长寿，以及提高活力新兴产业创造三项为主题，进行了智慧城市建设。

环境共生城市方面,在车站附近的四个街区(酒店区,办公楼复合区,大规模商业设施街区,两处高层住宅区)中导入了由日立制作所主持开发的新系统 AEMS(Area Energy Management System)。应用了大规模蓄电池和天然气发电技术,实现了可应对紧急情况的事业持续计划(Business Continuity Plan,BCP),以及街区间的能源互通(图3-2)。

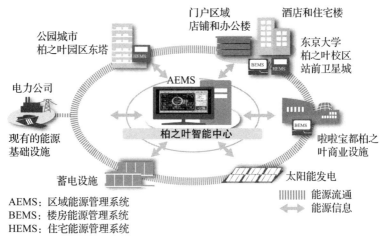

AEMS:区域能源管理系统
BEMS:楼房能源管理系统
HEMS:住宅能源管理系统

出处:三井不动产《柏之叶智能城市》。[9]

图3-2 柏之叶智慧城市的 AEMS

此外,为了实现"健康长寿"这一目标,该区域进行了健康保健设施"明日"的建设和运营。在实现"新产业创造"方面,设置和运营了柏之叶开放创新实验室(KOIL)、柏之叶物联网商业共创实验室等设施。

其中值得一提的是，柏之叶地区的新城市建设是以行政、民间、高校共同合作创设的"柏之叶城市设计中心（UDCK）"（2006年设立）为中心进行的。AEMS的构建事业于2011年度被选定为国家级环境未来都市和地区活性化特区，该事业在实施时并没有依照惯例按照电力事业法申请成为电力事业者，而是申请成为可跨轨道、跨公路进行电力互通的特区，因此成功导入了地区内电力互通系统。

在Fujisawa SST约19公顷的工厂旧址上（计划人口约3000人），以松下为中心进行了"自立共生型能源管理地区"的建设。该地区配备了3MW左右的太阳光发电系统和同等容量的蓄电池发电系统，同时各独立住宅中还配备了智能HEMS系统。各独立住宅中还使用了如锂电池等的蓄能技术，如太阳能发电和家用燃料电池（ENE-FARM）等创能技术，全LED照明和节水厕所·淋浴等节能技术。居民可参考指导手册加以利用，过上更加舒适的生活。在建设可覆盖全地区的能源管理系统的同时，还实现了能源之外的新城市建设，即包含与居民生活相关的服务系统的新城市建设，实现以能源为中心，以环境友好、生活舒适为目标的多样服务和能够自主提供服务的系统，以此实现配备有以上服务和系统的智慧城市的建设。

市中心的BCP对策与智慧城市

办公楼和商业设施集中的市中心的主要建设问题，是东日本大地震后的 BCP。和低碳化、节能一样，该地区的能源供给系统也是一个重点问题。

东京都千代田区的大丸有地区（大手町·丸之内·有乐町）作为东京地区具有代表性的商务地区进行了再开发。近年来，该地区的商业设施、集客设施、高格调的公共空间等设施不断被建设完善。而支撑该最先进地区建设的，是以三菱地所株式会社为中心进行的地区管理建设系统[11,12]。该地区为了实现低碳化和 BCP 两个目标，进行了建筑物中的彻底节能化、地区空调的高效率化，同时建设兼备防灾功能的楼房，大规模导入绿色电力等可再生能源[13]等。

此外，东京都中央区的日本桥地区以三井不动产株式会社为中心进行了再开发，通过导入大型天然气电热联合供应系统，以地区供电事业和供热事业为核心进行了能源相关基础设施的建设。在该地区实现了低碳化并通过 BCP 促进了智慧城市的建设[14]。

日本的智慧社区·智慧城市建设模型

综上所述，日本的智慧城市建设有以下几种方式。一种是在现有城市的基础上构建 CEMS，根据地区特点导入 CEMS（如横滨市、北九州市、京阪奈学研都市、丰田市）。第二种是在大规模城市开发地区导入 CEMS（柏之叶智慧城市、Fujisawa SST）。第三种是在市中心的办公楼聚集地导入含有

BCP应对的管理系统（日本桥、大丸有）。

  以上所列举的智慧城市建设方式都是根据住宅地、商务地的功能特点，以构建CEMS为中心展开的。同时还根据各地区的特点和面对的问题导入了能源管理系统。此外，为了提高住宅区生活的便利性和舒适性，还在住宅区中重点进行了服务功能的开发和建设，商务地区则是在保证安全性和便利性的基础上兼顾服务功能的建设。由此形成了可应对各地区不同问题的智能城区建设模型。

  在对结合了能源供给和信息技术的能源管理技术进行实证实验，推出可实践化的智慧城市模型的过程中，日本还在能源以外的交通、健康等领域导入了配备信息技术的管理系统，在形成新型服务的同时，将这些服务不断应用在实证实验、实践化和商业化中。然而，可以将以上各领域整合起来进行统一管理并可应用于大部分城市的系统和服务尚未开发完全。可以说，如何超越现有的智慧城市建设框架，实现各领域间的合作是未来智慧城市建设事业的重要问题之一。

04

可持续城市和智慧城市

自治体的构想和行政机关主导的项目

上一节所提到的日本主要智慧城市建设模型中几个代表性城市和地区以能源管理的智能化为切入点,在智慧城市建设工作上取得了显著的进展。然而,新开发地区等的智慧城市建设的推广效果还比较有限。虽然智慧城市·社区建设的对象区域并没有面积和人口方面的限制要求,但是事业对象区域和 CEMS 等系统可覆盖的面积有一定的限制。对象区域内的节能化和服务水平虽然得到了提高,但是接下来该如何将这个成果普及到对象区域外的其他区域和城市中去,是后续的一个重要问题。已经完成的建设示例可以作为其他城市开展智慧城市建设时的参考模型,以供它们参考和学习。创造城市开发与再开发的优秀代表案例极具重要性,也是极需承担的任务。创造这些先进的、先驱的模型，可谓是智慧社区·智慧城市建设事业的社会作用之一。

另外，确定智慧社区、智慧城市模型建设工作在自治体（市町村）整体范围内的定位从某种意义上来说十分重要。智慧社区·城市建设事业实施当中可以采用可覆盖自治体整体的未来构想，以确定具体的软硬件建设在建设事业整体中的定位，构建出可以切实推进其实施的战略计划。这种方法在考虑到智慧城市建设事业对自治体整体的影响的同时兼顾了其对地球温室化和老龄化社会等社会问题的影响，将建设和各类事业战略性地结合起来。同时，还可以充分利用国家给予的补助金和交付金等。行政部门商议决定自治体的目标、建设方向，提出整体构想和计划，在此基础上确定具体的实施方针和实施计划，并在与相关人员及居民达成共识后，实施该计划，这种建设实施方式也称为行政主导型建设方式。

自治体所描绘的可持续城市的构想和项目支援

行政主导项目的第一步一般是设计可覆盖自治体全范围的整体构想。在设计构想时，重点把握自治体的地理、社会特点，根据其特点在整体范围内均衡地进行设计，明确可持续发展目标。代表性的可持续发展目标有2015年9月在联合国开展的"可持续开发峰会"上通过的可持续发展的开发目标（Sustainable Development Goals，SDGs）。它不仅是一个国家级别的目标，也是一个自治体级别的目标，这一目标清晰地为全世界展示了可持续开发的思路。

日本内阁府地方创生推进事务局于 2018 年进行了"SDGs未来城市"的公开募集，最终选出了 29 个县、市、町、村。它们和已经率先进行了"环境模范城市""环境未来城市"建设的自治体一起，加强与股东的合作关系，构建了为推动官民合作而创设的"地方创生 SDGs 官民合作平台"[15]。

在 2015 年联合国通过 SDGs 前，自 2000 年起日本内阁府就推出了支援自治体建设的制度——"环境模范城市·环境未来城市"。通过公开征集选定了 23 个自治体为环境模范城市，同时选定了 11 个自治体为环境未来城市，各自治体依照各自的构想和方针进行了建设[16]。2011 年 3 月东日本大地震后开展的 2011 年公共征集从灾区选出了 6 个自治体、从灾区外选出了 5 个自治体，作为环境未来城市项目的建设主体。被选定为环境未来城市的自治体还包括前文介绍过的已经开展了智慧社区·智慧城市建设工作的自治体。2011 年度被选定为环境未来城市的柏市，接受了国家的援助在柏之叶的建设中导入了前述的 AEMS，东松岛市则以 CEMS 为核心实现了能源的自产自销，建成了智能防灾生态城市，可以保证紧急情况下周围设施的能源供给不间断。

可持续城市构想下的模型建设项目

如上所述，自治体对自身存在的问题、地理条件、社会经济特征进行分析，根据自身特点，发挥自己的个性，提高自身魅力和活力对现有问题进行攻破和解决。为实现这一目标，它们各自确定了整体构想和战略，和民间事业者、地方组织、居民团体一起合作推进了具体的建设工作，这是大部分自治体在项目实施过程中所通用的方法。然而，行政部门主导的构想有时候会导致对行政的过度依赖。为此，日本内阁府开设了交流平台，以促进官民合作和信息互通。成功推进项目实施的关键不止在于设计构思，更在于具体、有效地实施政策。

今后重要的工作是行政、民间事业者、当地居民三者合作关系的构建和发展。日本内阁府所推出的前述制度，正是为了支持官民合作。在富山市，轻轨系统（LRT）作为公共交通被导入城市中，LRT在形成城市骨骼的同时促进了沿线的再开发和设施建设，同时富山市为聚拢扩散至郊外的街区推出了"紧凑城市"政策。在北九州市，八幡区东田地区开展了智慧社区创建事业等工作。北海道的下川町利用了当地丰富的森林资源，以森林的生物资源为中心，推进可再生能源的利用。前文所提及的智慧城市建设主要是行政主导型，但是在可持续城市构想下的模型建设项目，并非一定是由行政部门单独实施的，从可持续（持续可能）的观点出发，官民合作共同以可持续的方法对项目进行运营也是一种实施方式。被选定为实施对象的自治体中已经有一些取得了成功，这些都可以作为行政部门、民间事业者、居民等当地组织合作实现的交通系统建设、能源系统建设的实用性模型，为后来的建设做出表率。

从"社会5.0"的观点看日本智慧城市建设面临的问题

迄今为止日本进行的智慧城市建设项目有多种类型，如和大规模都市开发并行的民间企业主导型建设项目，基于自治体构想的行政主导型项目等。接下来，我们将从"社会5.0"所设计的蓝图出发，对日本迄今为止的智慧城市建设项目进行回顾，"社会5.0"蓝图中的重要概念之一"以人为中心的社会"这一想法究竟实现了多少，以及是否可以达成这个目标。要达成这个目标，关键在于细致地把握多种多样的需求和潜在需求，并提供相应的物品和服务，以及如何进一步推进其发展。为此，在民间企业主导型和行政主导型之外，有必要将市民参加型和市民主导型等方法导入智慧城市建设工作中。

虽然导入最先进的CEMS技术在智慧城市实践化事业中意义重大，但是第3节中所介绍的日本的几个智慧城市建设模型，似乎都是以新技术、新系统为中心的技术主导型思路。因此，针对一般城市中会发生的问题，从更贴近市民的角度利用传感器和物联网技术，也有利于促进"社会5.0"蓝图的实现。日本的智慧社区·智慧城市建设是以能源管理系统的智能化为切入点发展而来的，而欧盟和美国的城市则走了一条不同的道路。

05
从市民主导型智慧城市到"社会5.0"

欧盟援助下的智慧城市

2010年3月欧盟欧洲理事会(欧盟首脑会议)通过了中期成长战略"EU2020"以及欧洲最大规模的研究创新财政援助项目"地平线2020"(2014—2020年),对智慧城市相关的技术开发和实践化事业进行大力援助。2015年为促进欧洲地区物联网相关组织的合作,成立了AIoTI(The Alliance for IoT Innovation)[17-19]组织。在欧盟全体成员的全力支持下,欧洲地区的智慧城市建设发展迅速,代表例子不胜枚举。其中不仅涵盖了能源,还有交通、物流、废弃物等多领域。以下将以巴塞罗那的智慧城市建设为例进行介绍。

巴塞罗那的智慧城市建设

西班牙巴塞罗那市(人口约160万)是卡塔罗尼亚州的

中心城市,以高迪的建筑群,毕加索、米洛等艺术家而闻名。1992年承办奥林匹克运动会后,其城市发展令人瞩目,如今已成为欧洲智慧城市建设的代表。巴塞罗那通过传感器对城市进行监测,监测数据被上传至应用程序中提供给市民和用户,并将其和交通管制、垃圾收集等公共服务联动(图3-3)。例如,巴塞罗那曾经因汽车尾气导致严重的空气污染和噪声等环境问题,为解决这些问题,在各交通路口安装了可以监测各类空气污染浓度和噪声的环境传感器,并将数据公开,当监测数值增高(即环境恶化)时,信号灯会自动对路口汽车的通行信号间隔进行调整,以加快汽车流量,可减少该交叉路口的尾气排放量。

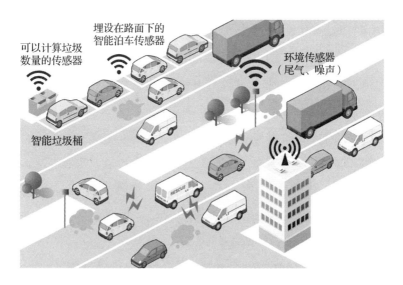

图3-3　感应城市的印象图

此外，欧洲的许多城市都和日本一样，即使没有车库证明也可以购买家用汽车。因停车场数量不足，许多车辆都会停在道路两边的停车位上，为了寻找停车位，车辆不断来回行驶的情况很多。为此，巴塞罗那在一部分地区的路边停车位上安装了可以监测停车位情况的传感器，驾驶员可以通过应用程序"智能泊车"确认是否有停车位。埋设在道路中的传感器具有电池和信号传送功能，可以实时发送是否有停车位的信息，这些信息通过应用程序出现在智能手机的地图画面上，为用户实时展示车位的位置和使用情况。

除此之外，还有如可以感应人体的"智能街灯"，设置在道路两边的"智能垃圾收集器""智能回收"等。街道上各类传感器的数据作为"Sentilo"（一种传感器平台）在数据平台上进行统一管理，并作为公开数据进行展示[20]。在巴塞罗那开发和应用的这一系列系统之后也被世界各地广泛参考和应用。

更有趣的是"涂鸦墙"（Wall spot），这一可供人们自由涂鸦的室外墙设施。人们可以在网上进行检索，确认涂鸦墙的位置。巴塞罗那的建筑一直有未经许可随意涂鸦的情况，其中有一些涂鸦具有艺术性。为了减少这类情况，巴塞罗那通过应用程序公开可供涂鸦的墙面位置信息，无论谁都可以在上面自由涂鸦，涂鸦作品保留一周左右后将被擦掉，而墙面将再次作为涂鸦墙被公开。同时也在公园里新设了涂鸦墙，并公开在应用程序上。这一举措，有效地减少了未经许可随意涂鸦的情况。

巴塞罗那还开展了涂鸦相关的庆典活动向居民介绍一些有艺术性的作品，并开设了可供当事人和地区社会交流的涂鸦网站。

巴塞罗那在交通方面也取得了先进的成果。巴塞罗那市中心地区的巴士路线十分复杂。为解决这一问题，巴塞罗那对交通路线进行更改，将横竖贯通的路线进行了系统性的整理，将其改得更方便游客理解和把握。同时，公交车等待时间也按照编号显示在了公交车停留点的显示屏上。市内设有可供电气汽车、电动摩托车充电的充电站 500 处以上，供人们免费使用。

桑坦德的智慧城市和感应城市建设

同样作为西班牙智慧城市建设范例的还有桑坦德。桑坦德是坎塔布里亚州的中心城市（人口约 18 万）。2010 年起该市开始着手实施"智能桑坦德"项目。该项目接受了来自欧盟的财政援助，并通过积极在街道中导入应用了传感技术的各类服务，以削减人工费和成本。

如上所述，欧洲的城市从市民的角度出发，为解决当地切实存在的问题，在街道各处设置传感器，将收集到的数据公开、可视化，推动了数据的商业实践化和服务质量的进步。它们的目标是建设一个市民用户主导型的"感应城市"，将利用传感器和物联网技术收集到的数据和大数据在平台上的网络空间里进行统一管理，以促进物理空间（现实世界）中服务质量的提高。

哥本哈根的大数据交易市场

更加先进的例子是丹麦哥本哈根市。哥本哈根市着力于"城市·数据·交互（大数据交易市场）"的建设，即在网络空间内互通交通、能源、水、财政、活动等各领域的数据，并将其提供给城市等公共机关及各类民间企业（图3-4）。该市场在整合市内数据的同时，通过数据流通增加了企业的商业机会，并减轻了环境负荷。在其建设的背后是市政府提出的政策目标，即至2025年建成世界上第一个碳中和城市，将二氧化碳排放量从2014年的年排放量约200万吨降低至年120万吨。

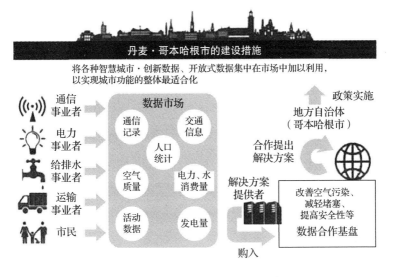

图3-4　哥本哈根的城市·数据·交互

为了实现这一目标，丹麦负责推进环境能源技术创新的部门 Copenhagen Clean Cluster（现在的 CLEAN）从 2014 年开始收集官方和民间的相关数据，并设计出可以从环境角度对大数据进行有效分析的电子基础设施。CLEAN 开发了可供各类组织进行数据贩卖·购买·共享的 SaaS（Software as a Service）型数据交易市场，于 2016 年 5 月起正式在哥本哈根市投入使用。

然而，即使是在数据共享方面十分先进的北欧，企业将自己的数据公开在市场上并和其他企业进行数据交易也是一个尚未得到完全开发的领域。参加企业虽然对该项目的建设有兴趣，但是在进行交易时也难免会比较谨慎。因此，数据交易的未来还值得进一步探索。

美国的智慧城市建设

美国的智慧城市建设是在国家政策和援助下开展的。2009 年当时奥巴马政府根据《美国复兴与再投资法案》将巨额财政预算投入了智能电网的构建和与能源相关的信息技术的开发工作中，推进了实证研究和实践化的进程。联邦政府于 2013 年 12 月公开发布了"智能·美国·挑战"项目，主要目的在于利用物联网技术创造雇用和商业机会，促进经济活性化。以此项目为首不断推进相关领域的研究开发和环境整备工作，也不断推出与之相关的新政策。2014年8月，全美标准技术院（NIST）等主导的"全球化城市·团队·挑战"项目开始实施，其主要目的在于推动智慧城市的构建和物联网技术的利用。这一项目将原本各城市各自进行的智慧城市建设计划整合起来，探索出了城市间共通的问题和技术开发领域，并将城市和组织对应，实现了跨城市的智慧城市构建工作的合作，大力推进了物联网技术的开发进度。2015年9月公开发布的"智慧城市·新方案"作为联邦政府跨部门援助和资金援助下的智慧城市建设项目成了重点施政方案[17]。

在举国之力下，美国在能源、交通等各领域大力推进了智慧城市的建设。

夏威夷州毛伊岛的智慧城市建设情况

美国夏威夷州的毛伊岛（人口约15万）是电力能源系统建设方面的一个代表例。2011—2016年，毛伊岛实施了日美合作的智慧城市建设项目。从前夏威夷州的能源消费大约90%依赖石油石化燃料，该项目的目标是至2045年将夏威夷州整体电力需求的100%置换为可再生能源。然而可再生能源的使用情况会受到天气等自然条件的影响，如果大规模使用可再生能源，可能会导致电力系统的不稳定。因此，该系统通过结合岛内的风力发电系统和电动汽车的充电放电管理机制，实现了在高峰期抑制充电、电力充裕时充电的模式，以此来维持岛内电力系统的稳定性。以 80 台电动汽车为对象的实证研究证明，高峰期 80 台电动汽车中 14%～31% 的放电量可以作为有效的能源资源被使用。通过结合电动汽车实现的这一弹性分散型蓄电系统，在封闭条件下也可以通过利用可再生自然能源实现稳定的电力能源管理。

芝加哥的智慧城市建设情况

在数据公开方面，伊利诺伊州的芝加哥市（人口约 270 万）是美国地区已建成的智慧城市中进展最快的。芝加哥在 2013 年通过了"芝加哥科技计划"（Chicago Tech Plan），以"次世代基建""所有社区的智能化""行政效率化""市政·创新""技术中心的发展"为施政要点，开展了智慧城市建设工作[21]。其中"Array of Things"是"新时代基建"的代表例之一，指通过道路传感器监测气温、湿度、气压、一氧化碳浓度、噪声、振动、行人和汽车的交通量等数据，实时收集数据的同时公开数据，以供用户使用[22]。包括路灯柱中设置的内置传感器等的一系列系统组件都是以密歇根大学和阿尔贡国立研究所为主开发的。

收集到的数据将作为公开数据免费提供给企业、研究机构、市民、创业者等。2016 年该市已在 42 处设置了这一传感器，至 2018 年计划在 500 处设置该传感器。此外，为保护个人隐私和安全，收集到的数据和实装内容都将经过第三方委员会的审核。收集到的与城市情况有关的数据将作为大数据被分析，如内涝等灾害情况、城市环境状态等，将来还将进一步拓展其使用范围。通过市内传感器收集到的数据，通过数据公开而形成的网络空间将以市民主导的形式被使用，从而促进物理空间（现实世界）的发展，这即是"市政技术"（市民技术）建设。

旧金山的行政数据公开化

美国的旧金山（人口数量约 80 万）是自治体行政数据公开化的代表案例。旧金山从 2009 年开始导入了"DataSF"系统[23]。该系统可将城市规划、交通、住宅、犯罪、灾害等各领域的数据公开化，同时还公开了许多应用程序，如以 3D 画面展示市内楼房的地图应用程序、与房产信息有关的应用程序等。

然而，从行政角度来看数据公开化也有许多难点。提供数据的部门必须不断地更新最新数据，需要不断以评价更新最新数据所需要的时间为目标，同时进行运营。因数据是免费提供的，行政部门就需要为其运营提供稳定的预算。旧金山市政府一边解决这些问题，一边推进数据公开化事业的进步。

在日本，也有相似的例子。福冈市、会津若松市都致力于数据公开，其收集到的数据都被公开在相关应用程序上[24,25]（图 3-5）。

年	日本	美国	欧盟
2007 年			■ 战略性能源技术计划（Strategic Energy Technology Plan）
2008 年	□ 低碳地区建设对策推进事业（国・环） □ 生态城市建设事业（国） ■ 环境模范城市（内） 带广、下川、丰田、水俣等		
2009 年		■ 美国复兴・再投资法（American Recovery and Reinvestment Act of 2009） Dubuque 2.0（Dubuque） DataSF（San Francisco）	■ 可再生能源利用促进指令（Directive 2009/28/EC） ■ 能源气候变动政策组合（EU climate and energy package） Amsterdam Smart City（荷兰）
2010 年	□ 次世代能源・社会系统实证实验（经） 横滨、丰田、京阪奈、北九州		□ Europe 2020 Smart Santander（西班牙）

年	日本	美国	欧洲
2011年	□ 环境未来城市（内）柏之叶、新地、东松岛、富山等 □ 智慧社区构想普及支援事业（经）	□ JUMP Smart Maui（夏威夷）	■ 能源效率化计划 （Energy Efficiency Plan 2011） ○ 智慧城市信息系统 （EU Smart Cities Information System） Smart City Lyon（法国）
2012年	■ 生态城市法 （关于促进城市低碳化的法案） □ 城市·住宅·交通的创蓄省能源化模型支援事业（国） □ ICT街区构建推进事业（总）	■ 数字政府战略 （Digital Government Strategy）	○ 欧洲智慧城市·社区技术创新合作 Copenhagen Connecting（丹麦）
2013年	□ 居民参加型低碳城市形成计划策划模型事业（环） ○ ICT街区构建推进会议（总）智慧城市会津若松	□ 智能美国·挑战 （Smart America Challenge） ○ Smart Cities Council 的设立 Chicago Tech Plan（芝加哥）	
2014年		□ 全球化城市·团队·挑战 （Global City Team Challenge） ■ 数据法（Digital Accountability and Transparency Act）	□ Horizon 2020 ■ 数字日程表 （Digital Agenda for Europe 2020） Copenhagen Clean Cluster（丹麦）

图3-5 日美欧的智慧城市的变迁概要

	日本	美国	欧盟
2015年	□ ICT城市・人・职业的创造推进事业（总）	□ 智慧城市・新方案（Smart Cities Initiative） □ 智慧城市・挑战（Smart City Challenge）	○ AIoTI（The Alliance for IoT Innovation）的设立 Paris intelligente et durable（法国） Smart City Berlin（德国）
2016年	■ 第5次科学技术基本规划 ■ 科学技术创新综合战略 ■ 官民数据利用推进基本法	Smart Cincy（辛辛那提）	
2017年	□ 数据活用型智慧城市推进事业（总） 札幌、高松、加古川、浦和美园等	Smart Columbus（哥伦布）	■ 欧盟一般数据保护规则（General Data Protection Regulation, GDPR）
2018年	□ SDGs未来城市（内） 神奈川县、镰仓、真庭、壹岐、小国等		

图 3-5 日美欧的智慧城市的变迁概要（续）

注释：■ 智慧城市建设实例　■ 法律制度、计划等
　　　□ 事业
　　　○ 其他

日本国内各省厅　（国）—国土交通省　　（环）—环境省
　　　　　　　　（总）—总务省　　　　（经）—经济产业省
　　　　　　　　（内）—内阁府

从市民主导的智慧城市到"社会5.0"所面临的问题

以上介绍了欧美城市的智慧城市建设情况,欧美的智慧城市建设从市民的角度将城市和地区的问题形成数据,通过市民主导方式解决相关问题。具体来说,如公开通过传感器收集与问题相关的行政数据,构筑网络空间,利用数据以促进物理空间(现实世界)的环境、服务改善。"社会5.0"的目的正是促进网络空间和物理空间(现实世界)的融合,欧美的发达城市已经积极开展了这项工作。不过这项工作当前还仅限于部分城市和部分领域中。

日本的智慧城市建设主要在特定地区和城市中实施,并以电力等特定服务领域为主展开。对相关系统和技术进行实证实验,再进行实践。换言之,日本当前的智慧城市建设还停留在限定地区服务的状态。

要实现智慧城市建设向网络空间和物理空间(现实世界)融合的超级智能社会"社会5.0"的进化,仍有一些困难需要去克服。首先,必须扩大作为实证实验对象、社会实验对象的城市范围。为此,亟待修订相关法规,明确和简化实证实验所需的各类手续。同时需要配合国家机关跨部门的合作和财政援助。

此外,需要促进市民和用户的参与和合作,从市民的角度由下至上地持续推进建设。欧美国家的案例有不少都是行政机构、企业、高校研究机关,即"官民学"三方合作共同展开的,为了互通意见还构建了交流平台,这些都给了我们很大的启示。

同时还需重视将地区的问题作为数据化对象，支持发展这些利用数据提供商业服务的事业。能否将迄今为止的成果从部分地区推广至全体地区的关键在于各都市能否创造出可以形成地区产业和生态系统联动的新商业服务。

将智慧城市进化发展至"社会5.0"的过程中需要解决的技术制度问题，即如何将交通、能源、健康民生等各种不同的领域组合起来，互通信息和数据形成"信息合作基础"。换言之，构建一个跨领域互相合作交流信息的系统是一个亟待解决的问题。下一章将对此问题进行论述。

通过解决上述问题，当前日本开展的以民间企业为主导的技术先导型智慧城市建设有了两个新方向。一个是继续以企业主导型或行政主导型的方式推进智慧城市建设，另一个则是促进市民参加推动市民主导型智慧城市建设。如果能够克服以上所提到的问题，便可以稳固这两个方向性发展基础。如此一来，市民团体可以利用市内各处的传感器收集各类城市数据并进行分析利用。通过对大数据的分析，提高城市生活的便利性和舒适性，以实现城市内问题的自主解决。这一进步将推动智慧城市向"社会5.0"进化。当前这类活动已经在日本各地积极开展。

注释：

[1]《世界智慧城市总览2012》，日经BP社，2011年。
[2]《通过社会5.0实现日本复兴——面向未来社会创造的行动计

划》，一般社团法人日本经济团体联合会 2017 年 2 月 14 日，http：//www.keidanren.or.jp/policy/2017/010.html.

[3] Alireza Aram《全球创新报告：美国的小规模送电网》，日立评论，VoL.99，No.02，p.166-171，2017 年。

[4]《有关次世代能源·社会系统协议会》，经济产业省。
http：//www.meti.go.jp/committee/summary/0004633/.

[5]《与智慧城市的形成概要和实现方式有关的研究》，土屋依子，学位论文（首都大学东京），2015 年。

[6]《日本国内的智慧城市·社区实证事业的最新动向》，池田伸太郎，大冈龙三，生产研究，VoL.66，No.1，pp.69-77，2014 年。

[7]《智慧城市时代的可持续城市·建筑设计》，日本建筑学会，彰国社，2014 年。

[8]《智慧城市时代什么时候来临？》，山村真司，NSRI 选书，工作舍，2015 年。

[9]《柏之叶智慧城市》，三井不动产。http：//www.kashiwanoha-smartcity.com/.

[10]《Fujisawa SST》，Fujisawa SST 协会。http：//fujisawasst.com/JP/.

[11] 一般社团法人大手町·丸之内·有乐町地区街道建设协议会。
http：//www.otemachi-marunouchi-yurakucho.jp/.

[12] NPO 法人大丸有区域管理协议会。http：//www.ligare.jp/.

[13]《大丸有（大手町·丸之内·有乐町）地区绘制的智慧城市印象》，井上成；公益财团法人地球环境战略研究机构：低碳城市建设知识平台，《低碳社会中的力学转换——以生活方式的变革和城市能源消费为焦点》研究会，2012 年 7 月 26 日。
https：//www.iges.or.jp/jp/archive/gc/activity20120726.html.

[14]《日本桥智慧城市：通过能源的自立化和自产自销增强抵抗自然灾害的能力，建设环境友好型街区》，中出博康，建筑环境·节能信息，一般财团法人建筑环境·节能机构（IBEC），

VoL. 37-5, No. 218, p. 8-11, 2017年1月。

[15]《地方创生 SDGs 官民合作平台》,内阁府地方创生推进事务局,2018年6月。

https://www.kantei.go.jp/jp/singi/tiiki/kankyo/pdf/sdgs_pura_gaiyo.pdf.

[16]《环境未来都市》。http://future-city.jp/kankyo/.

[17]《用户·起点·创新 智能街区建设——海外的<智慧城市2.0>的建设情况》,野村敦子,JRI 回顾,VoL.8, No.47, p.101-139, 2017年。

https://www.jri.co.jp/MediaLibrary/file/report/jrireview/pdf/9939.pdf.

[18]《欧洲的物联网和智慧城市的研究开发动向》,国立研究法人信息通信研究机构(欧洲合作中心),2017年。

https://www.nict.go.jp/global/4otfsk000000osbq-att/a1489129184837.pdf.

[19]《欧洲的智慧城市和大数据》,大岛一夫,建筑杂志,VoL.131, No.1690, 2016年11月。

[20] "Sentilo".

https://ajuntament.barcelona.cat/digital/en/digital-transformation/urban-technology/sentilo.

http://www.sentilo.io/.

[21] "Chicago Tech Plan".

https://techplan.cityofchicago.org/executive-summary/.

[22] "Array of Things". https://arrayofthings.github.io/.

[23] "Data SF". https://datasf.org/opendata/.

[24] 福冈市:大数据·公开数据的活用推进工作。

http://www.city.fukuoka.lg.jp/soki/joho/shisei/BDODkatsuyou.html.

[25] 会津若松市:公开数据建设。

https://www.city.aizuwakamatsu.fukushima.jp/docs/2009122400048/.

第 4 章

城市的数据化和服务合作

01

城市信息合作的目标

从两个角度看城市信息合作

城市可以让人们聚集在一定的空间里共同活动与合作,因而城市里也可以产生和消费多样的产品和服务。为了支撑高密度的活动,城市中必须要有多样的如移动、物流、通信、能源供给、废弃物处理、水供给·处理等基础设施。为了切实且有效果地运用和管理这些基础设施,需要收集它们的相关数据并且进行批量管理,为此需要花费巨大的努力。迄今为止,水、电力、天然气的供给,道路交通、轨道交通运行等都是在实时收集数据的基础上进行控制和管理的。可以说,数据收集和分析、基于数据的控制和管理这两者是城市管理的基础。

水、电力、天然气、道路交通、轨道交通等基础设施服务的数据信息管理都是各自独立进行的。然而这些基础设施服务却都是在同一个空间里进行的,相互之间关联紧密,有时候甚至会发生冲突。例如，给水与排水、电线、天然气管道、道路交通、地下铁经常共存于同一个道路空间中（包括地上与地下）。下水道的施工需要注意电线与天然气管道的位置，将施工会导致的道路交通问题控制在最小限度。因此，为避免发生事故，施工时必须调查好所有设施的位置。此外，为了降低对道路交通的影响，还必须收集相关施工信息，协调其场所和时间。

实际上，由各相关机构公开提供的占用道路设施的位置信息、计划中的所有施工工程信息等被收集起来并可视化后形成有效的辅助信息系统。这个系统在过去20年里已得到广泛应用，各主体可以利用这一系统对自己的活动进行调整，这是系统得到应用的基础。在此基础上，相关组织会进行信息的输入和管理并且合作利用这些信息。此外，系统的运营费用由相关主体负担也是一条共识。为了实现数据的共享和使用，信息系统的整备和运用必不可少。同时相应的规则、费用承担者等也必不可少。

通过信息技术支撑着城市生活有序进行的各类活动和服务不断得到改善，但目前大多还停留在个体最优化的状态。除前文提到的设施占用道路空间的案例外，还有其他案例。如轨道交通和公交车等各类不同的交通服务之间的换乘方面，为了实现MaaS，各种交通机关和交通手段联合以便让人们的出行更加方便和顺畅，各种不同的服务需要进行信息合作。但是，应该如何合作？看似杂乱无章，但是城市中的各类服务都共用同一个空间。例如，车站等交通枢纽中轨道交通、公交车、出租车等互相来往为人们提供服务。各种服务和事业都可以将其在同一个空间、时间中的数据收集起来、相互关联，将矛盾可视化。如此一来，"如何合作""通过合作可以怎样实现整体最优化"等问题的答案就逐渐清晰明了了。这种"以时间、空间为媒介的信息合作"正是社会、技术合作设计上不可缺少的第一个视角（请参考图4－1）。

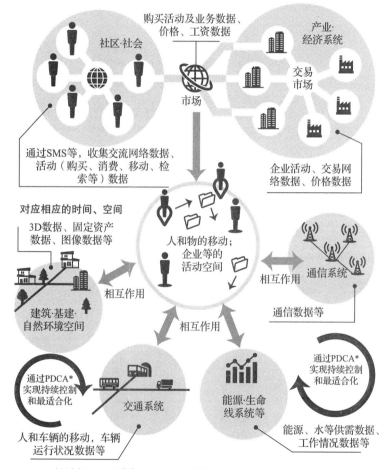

图4－1　城市管理中的数据景象：通过时间、空间共有而实现的合作

*PDCA：Plan（计划）、Do（实行）、Check（评价）、Action（改善）的质量管理工作方法。

第二个视角是最优化什么？单个系统比较容易计算出最少出行时间、最低运营成本等目标。在多个系统合作的情况下，虽然可以轻易制订出整体最低成本的目标，但是如果要在构想未来城市的同时对其下定义则是一个难题。降低服务标准是削减成本的最有效方法。因此，要在提高作为城市市民的顾客、企业满意度的基础上削减成本并不容易。不过，满意度是指什么？

更快捷舒适、不使人疲惫、令人愉悦、无须担心、事无巨细、凡所想必可得……这些东西并非无法实现，其实从某种意义上来说已经实现了。例如，在汽车驾驶已经得到充分普及的社会中如何提供移动服务？针对这一问题，优步可以说已经给出了答案。

就算不是自动驾驶型汽车，只要有需要时驾驶员就会驾车前来，也无须用户自己驾驶。其他方面也如此，实现了自动化便实现了便利舒适，例如高级酒店、家庭卫生、家务、饮食等。通过信息合作和信息技术、物联网技术即可实现这些服务。不过，只是这样就可以让所有人都拥有这种便利的环境，实现全体最优化的目标吗？关于这个问题还需要更深入的探讨。

举例来说，在护理领域有一种理论叫作"人类生成理论"[1]。是否有必要事无巨细地全面看护，利用医疗手段延长寿命是否真的是为患者着想。"人类生成理论"就是在对这些问题的探讨中诞生的。人生活在与周围的人和环境的关联中,通过收集各类信息进行思考、行动和选择,从中得到经验得以成长。这就是"人类生成理论"的主张。

之后社会上对如何接受这种主张等问题进行了广泛的探讨和实验,社会通过积累经验,通过电子数据的积累从中学习到什么是最合适的,并在此基础上构建新的环境。这个过程是十分重要的。

实现信息合作的构造

实现信息合作重要的是以下三点。

第一,构筑技术框架。具体来说,便是设计出一个可以让各个事业、服务互相沟通交流,可以进行委托服务的平台,促进各自独立、自成体系的系统互相协调、合作提供服务,即促进系统的共生。第 4 章第 2 节将要介绍的实现服务合作的一个重要方式,就是促进现有各系统的相互合作、实现融合,形成一个共生、自律、分散的系统。

第二,设计出新型的社会系统,对各类系统中的数据加以有效的利用和管理。完善利用管理时的权利和义务,在考虑数据的效果、费用、影响的基础上进行利用。当前普遍将数据看作是拥有者的财产,认为拥有者可以拥有一切对数据的权利。但是数据涉及个人信息,在对数据进行利用时必须考虑到行为将对数据来源者产生的影响,不可无视来源者的意志。因此,在数据利用和管理时，会出现"干涉权"的问题。"一般数据保护规则"（General Data Protection Regulation，GDPR）中提到的数据迁移权就是其代表例。道路空间的占用问题也是一样，若想要实现对道路这一公共空间的适当利用就必须在一定范围内公开数据，即有时候不得不使个体的最优化让步于整体的最优化。数据相关的权利，风险持有者的义务等是持续讨论实现整体最优化、转换个别过度优化的方向等的时候统领一切的基础。在探讨和共同理解的基础上，设计多系统合作的规则（义务和权利）和费用负担模型是非常重要的。除此方法外，几乎无法构建一个能被社会共同认可的技术系统。

特别是关系到城市的利用者（居民、从业者、访问者等）的信息（个人信息）是重中之重。必须在本人同意的基础上利用信息，并且信息的利用者必须是值得信赖的组织和个人。为提供相应的保障需要建立一个为其保驾护航的系统。虽然目前已有"信息银行"、PDS（Personal Data Store）等尝试，但是在真正实现保障的道路上还充满了挑战。其原因在于，一旦出现信息泄露等问题则难以弥补造成的损失。若创造出能在保护个人隐私的基础上对个人信息加以利用的技术，那么或许可以降低个人信息使用时的难度，提高可使用性。第4章第3节介绍了与此相关的问题，即将个人数据在加密的状态下安全地匿名化并进行分析的隐匿分析技术。

第三，整体最优化的最终目的是通过将市民的幸福感、生活质量及其分布情况指标化、可视化，通过个别系统和合作基础，设计出可以对数据的管理方式（权利等）不断进行完善的管理机制。生活质量指标的代表有 QoL 指标等。第 2 章第 2 节通过"居住地革新与架构"对 QoL 指标进行了探讨。第 4 章第 4 节将介绍其基础"人类测量"，以及实现的方式等内容。

未来的挑战

如果目标函数一定，则系统合作和实现最优化的方法等将在各领域中取得一定的成果。但是，生活中有各种不同的主体存在，其间的利害关系相互交错，究竟该如何设定目标函数，同时应如何让不同的主体为形成一定的目标函数达成一致意见？为了形成社会共识和共同目标，数据和信息应当怎样被个别事业者、城市运营者（自治体和居民团体）等共享，关于这个问题的讨论才刚刚开始。个人数据的收集管理以及数据转接技术已经在世界范围内被推广，公共部门已经开始探讨有关民间数据的"信贷"、为实现地区改善而利用区域数据等问题，在这样的过程中激发了不少解决方式。通过具体的实践，促进市民、社区、企业、自治体等的经验积累，鼓励自主解决具体问题、提出改善方法等尝试，对今后该领域的发展有着十分重要的启示。

02

城市系统的共生：共生自律分散系统

面向服务合作

如何实现各领域间的服务合作？事实上，构建一个可以统一操作多服务的系统十分困难。各服务专用的系统已经各自存在，如果要对它们进行修改则需要花费大量的成本和时间。此外，如果将其放置在一个系统中进行统一管理，那么当某一服务内容出现变化的时候就必然需要对系统全体进行修改，这也需要大量的成本和时间。因此，比起建立一个大系统，把重点放在连接已经存在的各种系统上更加现实。

那么，应如何连接现有的系统？首先必须对现有系统的部分内容进行修改，并追加一些功能。一次将现有的系统全部进行修改，完成连接工作显然是不现实的，这项工作应当是阶段性开展的。此外，连接工作完成后，各系统也需要在之后持续不断更新。更新时，还应当注意要将对系统整体的影响降低至最小。因此，实现多个系统合作最理想的方式并不是各系统相互依存紧密联合，而是各系统在各自运作的基础上循序渐进地连接在一起，最终实现整体的调和，维持功能的稳定。

自律分散系统

要实现这种形式的系统合作，"自律分散"是一个切入点。自律分散的概念由生物体而来。生物由无数个细胞组成，而细胞自身也作为一个次级系统存在，可自律实现其功能。细胞的统一体，即生物体也是作为一个系统存在和运作的。这种各次级系统自律地运作、最终实现整体协调性的构造就是自律分散系统[2]，非常适合用来实现之前所提到的系统合作。

下面将对自律分散系统进行更加具体的介绍。要实现系统构成体，即各次级系统的协调运作，就必须让次级系统间可以互通信息。一般来说，以某个负责信息发送的次级系统将信息发送到指定次级系统来实现。其原理与寄送物品时贴上写有地址的单据进行发送等同。但是在这种情况下，每当一个新的次级系统被追加为信息接收方时，都需要在发送方次级系统处进行一次更改。换言之，就像地址簿一样，当接收方有变动的时候必须在地址簿上立刻进行变更。但是自律分散系统在新增信息接收方时，可不对现有次级系统进行变更。自律分散系统中，可以不用"地址簿"。下面我们将对它的构造进行介绍。

自律分散系统的数据是以图 4-2 所示形式进行传送的。假设某个系统由 10 个次级系统构成。次级系统 A 向次级系统 B 传送信息时，A 会将需要传送的信息先传送到一个地方进行保存（数据的传送对象未被设定为"B"）。这时 A 以外的 9 个次级系统都可以看到该数据的内容。但是只有判断该数据的传送目标为自己的次级系统可以接收该数据。那么，为何 A 以外的 9 个次级系统中只有 B 可以判断出这是属于自己的数据呢？实际上，每个次级系统负责处理的数据构造是根据各次级系统的功能决定的。次级系统可以通过分析数据的构造来判断数据是否属于自己。

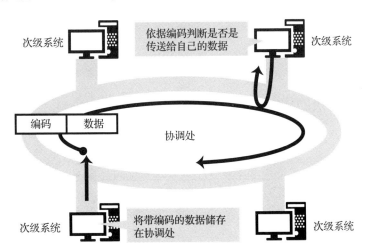

图 4-2　自律分散系统

如果在自律分散系统中尝试以更新后的次级系统 B′ 替代原来的次级系统 B 会发生何种变化？由于替换后的次级系统 B′ 是 B 的更新版本，因此也可以处理 B 能够处理的数据。B′ 可以通过分析 A 发送的数据的构造，判断出属于自己的数据并接收。由此 A 不需要进行任何更改（如将发送对象改为 B′ 等）。自律分散系统利用这个特征，可以更加便捷地实现大规模系统的开发。

在自律分散系统中，保存数据的地方被称为"协调处"。所有的次级系统都可以连接到协调处，并在那里进行数据的储存和提取。上述介绍中提到次级系统可以通过分析数据构造来判断数据的所属情况。此外，还有更加简单的判断方法，即将数据的内容按照"编码体系"进行编码，将数据按照号码编排好后放在协调处，接收者只需要核对编号便可以判断出数据的传送对象。

系统的共生

本节介绍了通过次级系统间的合作实现的自律分散型系统。其想法也适用于构建各不同领域系统的合作。这种合作系统（群）就如同自律存在的多种生物体共生在一起，因此被称为"共生自律分散系统"[3]。

例如，轨道交通、公交车、出租车等多种交通工具的管理系统合作就是这套"共生自律分散系统"的具体体现。它们各自按照自己的系统自律运作，同时将运行状况等信息公开在协调处。通过读取被公开的各系统的状态，其他系统可以对自身的运行计划进行调整，实现更加高效的运行计划。同时，运行计划也会被公开在协调处中。这套机制，比起各交通机关各自设定运行计划可以更高效地为人们提供移动服务。

此外，当前汽车的电动化不断发展，在电力价格较低的时候进行充电等便利化措施可以通过交通领域和能源领域的系统合作实现。这种合作可以促进社会整体的最优化，继而实现"超级智能社会"。

03

个人信息的保护：保密分析技术

个人信息的泄露

大数据分析需要对大量数据进行收集和分析，抽出新知识。分析的对象可以是购买历史记录数据、通过传感器获得的数据等多种多样的数据。相关性规则分析是一种常用的分析方法，可通过分析数据发现平时难以发现的相关性。例如购买尿不湿的人通常也会购买啤酒等，这种相关性可以通过分析大量的购买历史记录数据发现。这种相关性被称为"相关性规律"。若能够找到合适的相关性规律，便可以成为商品企划、商品宣传、货物架摆放等工作时的重要参考。这种大数据分析法，不仅在商业领域，在机器故障修理领域等也得到了广泛运用。

今后，在对个人数据进行分析的基础上提供服务将会成为一个大趋势。例如，以许多人为对象收集并分析其每日看的电视节目、浏览网页、购买记录、去过的店铺以及餐馆等日常数据，发现其间的相关性规律，就可以掌握到个人的兴趣、爱好，拥有相似兴趣、爱好的人偏好的商品，如何购买到此类商品等问题。

但是，若没有可靠的安全对策就直接将个人数据委托给分析人是一件十分危险的事情。现在一般对个人的姓名、地址等重要个人信息进行隐藏处理。未来将对个人信息进一步加密，提高数据的安全性等保密分析法将会得到更广泛的应用。加密可以防止信息在传送给分析者时被恶意拦截。实际上，现在互联网上的信息已经通过加密化对安全性进行了保证。使用了保密分析技术[4]后，被分析的数据无法再次还原至加密前的状态。通过这种手段可以大幅度减少因非法登录、内部人员导致的信息泄露等危险情况的发生。当然，其实还原加密数据的技术（例如密码）也可以在秘密的状态下被分析方使用。

保密分析系统

一般来说，将个人数据加密后委托给分析者时，还原加密数据的方法仅掌握在委托人处时，分析者无法对数据进行任何分析。但是在使用保密技术的情况下，数据分析者可以在数据加密状态下对其进行分析，并发现相关性规律。例如，寻找适合个人的推荐商品时，分析者在分析时会涉及个人兴趣、爱好等领域，而往往个人并不希望别人知道这些信息。这时保密分析技术便可以将推荐商品名录加密，让分析人无法推断出其内容。而委托人使用初始设定的密码对结果进行解密便可以得到推荐商品名录。当前可以实现以上操作的保密分析技术的研究开发已完成。

保密分析服务的流程如图4-3所示。用户通过自己设定的密码对数据进行加密，将加密后的数据传送至云空间上（数据中心）。随后用户发送加密后的分析命令，加密数据就会在云空间上被分析并得出相应的加密结果。云空间上储存的数据和命令皆已经被加密，任何人都不能解读其内容。最后，用户通过初始设定的密码对结果进行解密并阅读其内容。

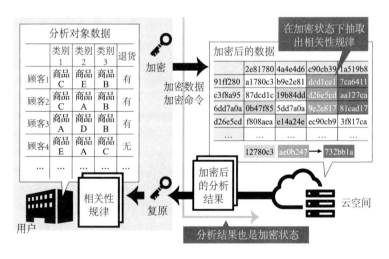

图4-3 保密分析服务

应用了可搜索密码技术的保密分析

保密分析的关键性技术在于可搜索密码。可搜索密码是指当在文章中寻找自己想要检索的单词时，在文章和单词同时加密的状态下找到目标的技术。在已加密的文章中检索单词时，一般需要先解密再进行检索。而使用了可搜索密码技术后，可以在保持文章加密的状态下，搜索出单词出现的地方与出现频率等。应用这项技术可在加密状态下对数据进行收集、分析和相关性分析。

若能够拥有在保护个人隐私的同时对数据进行利用的技术，未来对使用个人信息的认可度也会变高，个人信息使用的可能性也更大。以上就是当前存在的可以保护个人隐私，在个人数据加密匿名状态下可以对其进行安全分析的保密分析技术的原理。

04

幸福感的测量：从物联网到人联网

在当前的制造业领域，"工业互联网""工业4.0"等概念被广泛提倡。通过互联网结合机械、机器人技术和物联网技术，将世界数字化，提高生产效率是其发展目标之一。对此日本提出了"社会5.0"概念，通过融合网络空间和物理空间（现实世界），建设"以人为中心的社会"，为人们提供宜居、充满活力的高品质生活。"社会5.0"建设不仅限于物品，更在于通过互联网将人串联起来，实现人联网（Internet of Human）。

通过物联网技术实现数字化的过程

当今社会互联网和智能手机得到了普及，"无论何时、无论何地、无论何人"都可以通过网络被串联在一起，可以说已经实现了"无处不在的社会"。此外，通过以传感器和无线机器将"物体"连接起来的物联网技术，社会迎来了更进步的数字化时代[5]。德国于2011年的"高科技战略2020行动计划"中选定了"工业4.0"[6]。"工业4.0"指在制造业领域，通过物联网技术收集工厂内设备的数据以实现供应链的数字化，在此基础上实现生产进程的革新。

此外美国的通用电气公司提出了"工业互联网"构想。"工业互联网"是指通过物联网技术将产业机器和数据分析软件连接起来，大幅度降低成本，创造新价值[7]。无论何种概念，都是将"网络空间和物理空间（现实世界）融合"起来的第四次工业革命的基本概念，制造业通过物联网技术将世界数字化，追求生产力的飞跃性提高。

"社会5.0"中的新概念：以人为中心

根据未来投资战略2017[8]，迄今为止经济系统的竞争力源泉在于通过集约物品和金钱来提高效率。与之相对，"社会5.0"认为经济系统的价值源泉在于"人"和"数据"，每个人的"智慧"和"行动"的数据可以产生价值，而多样的"个体"构成了充满活力的经济社会。"工业4.0""工业互联网"不仅是将"物"连接起来，也要将"人"连接起来。如何使用通过人联网得到的数据，对于实现"社会5.0"有着十分重大的意义。接下来将对人联网进行介绍。

什么是人联网？首先测量人类

人联网是将人而不是物品连接起来的网络。首先我们将从具体事例出发对人联网进行介绍。日立近年来致力于开发用来测量人们幸福感的便携式传感器。

与不幸福的人相比，幸福的人的生产效率要高37%，创造性则高出300%，更容易结交好友也更加健康长寿。人的幸福感会极大地影响人的行动。还有研究表明，幸福感同时还会带来经济效益，一个公司幸福的人越多，其股票带来的收益率则越高[9]。

如图4-4所示，日立使用便携式传感器收集了100万天以上的人类行动数据，发现身体运动的基本模式可以反映出人的幸福感[10]。某电话销售中心的数据表明，平均幸福感更高的团队的售货率比平均幸福感低的团队高34%。

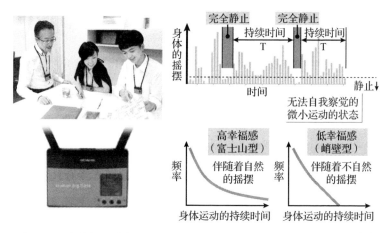

图4-4 有幸福感的身体运动的特征类型（通过便携式传感器测量）[10]

因此，即便是在机械化不断发展的当今时代，人类的精神状态仍是影响经济活动的核心要素。利用人联网将人类的行为数字化，并用来提高人们的幸福感，以人为中心对社会进行改善，其行动的背后隐藏着创造新的经济价值的可能性。

人联网带来的光明

前文介绍了通过人联网对人类行动进行监测的事例。但是，从人类的视角来看，被安装传感器并被别人获取自己的行为数据是一件非常被动的事情。那么应当如何在"社会5.0"经济系统中使用人联网？"居住地革新"设想认为"社会5.0"经济体系的关键在于鼓励市民积极参与。以数据为例，市民主动地提供数据以代替被动收集，这就是人联网的目标。

例如，电力公司会监测并储存每日电力消费量的数据，并进行统计分析，以便对将来的电力需求进行预测，控制电力供给量。为了保证不出现停电等情况而维持电力供给的稳定，电力公司在平衡电力需求和电力供给的同时还需要具备优秀的电力需求预测能力，以及能够应对突发情况的调整能力。若市民主动地提供自己第二天、第二个星期、第二个月的电力需求，社会会发生怎样的改变？未来会从不确定变为确定，而电力公司节省下来的原本应该用在需求预测和需求调整上的成本，可以用来创造新经济。

赫尔辛基地区交通局利用智能手机技术开设的"随需而至"公交车便是人联网的一个具体案例[11]。人们可以在智能手机上利用这项服务，输入自己的出发地点、目的地、希望到达的时间等内容，应用程序会立刻将乘车地点、下车地点、时刻等显示出来。与一般的公交车不同，"随需而至"公交车会根据用户输入的数据，随时更改时刻表和运行路线。按照乘客的需求计算出最佳路线。通过动态调整路线，配合乘车需求，实现更经济的交通系统（图4-5）。

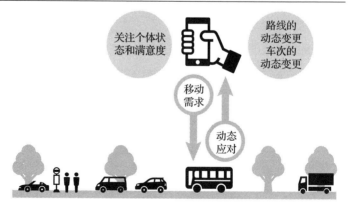

图4-5 "社会5.0"下的以人为中心的城市交通服务

人联网的影响：实现"社会5.0"所面临的挑战

通过人们主动提供数据的方式/途径，电力服务、交通服务等城市服务都会发生动态变化，有可能形成新型经济。然而在努力实现"社会5.0"的同时也必须关注人联网带来的问题。人联网会带来怎样的问题？主要有数据可信度和个人隐私保护两大问题。

数据可信度问题是指，有来自于心怀恶意者的包含恶质目的信息混杂其中。对此，一些电商网站和评价网站已经开始着手构建一套可以用来评价数据信息可信度的机制。

关于个人隐私保护问题，2018年5月起欧盟开始使用"一般数据保护规则"（General Data Protection Regulation，GDPR），这一举措得到了广泛的关注。GDPR的适用对象包括和欧盟有个人数据往来的世界范围内各企业团体，若违反该规定将被征收高额罚金[12]。在以人类网络为基础的"社会5.0"中，对个人信息进行保护是一个十分重要的问题。上一节介绍了保密分析技术，下面将再介绍个人隐私保护方面十分重要的服务。

东急电铁于2016年起开始运营应用程序"东急线App"，可以将车站拥挤情况等可视化信息传送给用户，其服务名称为"駅視-vision"（东京急行电铁株式会社注册商标）。但是若直接发送车站内的画面会侵犯乘客的个人隐私权。因此，在画面上并不是直接显示摄像头接收到的画面，而是将人像替换成人形图标后发送给用户。这项技术应用了日立开发的人流解析技术，可以探知人行走的方向。如图 4-6 所示，所有的人形图标都有相应的朝向。若仅将人像替换为人形图标而不标出方向，则难以判断人的活动情况，而用户也就无法直观感受车站的拥挤情况。有了标示方向的人形图标便可以清晰展现车站的拥挤情况，同时保护了乘客的隐私。用户即便是在家也可以通过智能手机了解车站内的情况。雪天等电车运行容易出现混乱的情况下，乘客可以事先了解车站内的情况并及时调整乘车路线，或者在家等待。此服务有效缓解了轨道交通车站内的拥挤情况。[13]

图 4-6 东急线 App 提供的信息服务"駅視-vision"

综上所述，对今后的社会而言，将人串联成为网络并将行为和需求数字化的人联网技术有着重大且积极的意义。人们不再单纯地被获取数据，而是可以作为数据的主动提供者，对电力、交通服务等城市服务的改变产生影响。这些改变都将进一步催生新型经济。然而与此同时个人隐私保护等问题也在不断浮现，我们应当积极地应对这些问题，加速推动实现"社会5.0"。

注释：

[1] 英语为"Human Becoming Theory"。Rosemarie Rizzo Parse《Parse 护理理论：人类生成的现象学探究》，高桥照子、胜野十和子译，医学书店，2004 年。

[2] 日立主页：系统概念《自律分散系统》。
https：//www. hitachi. co. jp/products/it/control _ sys/platform/autonomy_dispersion/index. html.

[3]《信息制御系统》，入江（等），日立评论，VoL. 98，No. 03，p. 161 -165，2016 年。

[4]《在云空间上实现安全的大数据分析的保密分析技术》，长沼（等），日立评论，VoL. 96，No. 07 -08，p. 494 -495，2014 年。

[5] 总务省《平成 27 年版信息通信白书》。
http：//www. soumu. go. jp/johotsusintokei/whitepaper/ja/h27/html/nc254110. html.

[6] Industrie 4. 0 Working Group "Recommendation for implementing the strategies initiative INDUSTRIE 4. 0，Final report of the Industrie 4. 0 Working Group" 2013 年 4 月。

[7]《社会 5. 0 和物联网等的构建》，经团连。
https：//www. jpo. go. jp/resources/shingikai/sangyo-kouzou/shousai/tokkyo_shoi/document/16-shiryou/03. pdf.

[8]《未来投资战略 2017——为实现社会 5. 0 的改革》，日本经济再

生本部未来投资会议。https：//www.kantei.go.jp/jp/singi/keizaisaisei/pdf/miraitousi2017_t.pdf.

[9]《利用便携技术测量幸福感》,矢野（等）,日立评论,VoL.97,No.06-07,p.396-401,2015年。

[10] 日立主页《测量幸福：为了实现幸福社会》。

http：//www.hitachi.co.jp/rd/portal/contents/research16/ifsc01/index.html.

[11]《"随需而至"公共交通系统改变城市人的出行》,丰田。

https：//openroad-project.com/innovationreview/post_611/.

[12]《与<欧盟 一般数据保护规则（GDPR）>,有关的实务手册》,JETRO。

https：//www.jetro.go.jp/world/reports/2016/01/dcfcebc8265a8-943.html.

[13]《公共交通中的人流技术活用》,松隈（等）,日立评论,VoL.98,No.10-11,p.632-633,2016年。

第 5 章

解决社会问题的产学共建研究

01
"社会5.0"中的城市会发生怎样的变化

"社会5.0"是实现发展经济与解决社会问题的兼顾,从而形成宜居、充满活力且高品质的以人为中心的社会。为实现这个目标,我们的社会应该如何改变?换言之,我们应该如何改变社会?又或者,我们应如何实现这种变革呢?

日立东大实验室创立了区别于以往高校研究室与民营企业共同研究的产学合作新模式——"产学共建方法",它以组织对组织的形式发挥企业与高校各自的强项来共同解决社会问题。在产学共建体制下,日立制造所与东京大学的研究人员组成不同的问题组开展技术研发与政策提案,本章对这些内容展开讨论。

首先从价值观转换说起

第2章梳理了从居住开始的变革——"居住地革新"。只有通过脱离社会固有观念发挥大胆想象来进行城市与居住地的变革才能够实现社会变革。而灵活思维的关键是要转变、创造、重塑我们自身的价值观。即：

① "转变"一直以来以社会固有观念为基础的价值观。

② 基于集约的知识摆脱原有的思维框架，"创造"新的价值观。

③ 有效利用过去已有价值观完成价值观的"重塑"。

以上述内容为目标，才能不断拓展"社会5.0"的可能性。只有重新思考一直以来作为我们立身之本的价值观本身的意义，尝试转变价值观，才是为真正实现以人为中心的宜居社会发起变革的原点，即是"社会5.0"的动力源泉。换言之，"社会5.0"并非是当下社会发展延长线上的产物，而是与以往的观念划清界限的非连续性的社会变革。

为此，以下提出有关"社会5.0"中城市与居住变革的三个命题并思考其解决方法，以此转变思维方式以适应全新的思维模式。第一个命题是"能够长期居住在住惯了的地方"，第二个命题是"能够自由选择居住与工作环境"，第三个命题是"地域社会能够展现本地域的魅力"。看似理所当然并可以轻易实现的三个命题，按照以往的思维方式却难以得到解决。即便如此，在实现以人为中心的社会的过程中必定会面对上述命题。

如何利用网络空间与物理空间（现实世界）相融合的技

术性、社会性变革来实现上述命题，又需要哪些新技术和新政策？本章从第2节开始探讨具体的技术研发以及政策提案，首先从居住的观点来梳理各个命题的含义与问题点。

长期居住在熟悉的地方

通过第2章可知日本目前迎来了空前的老龄化社会，老人之间互相照顾，独居老人的增加已然成为社会问题。特别是以首都圈为代表的大都市大多开发于经济高速增长期，居住在郊区的商品房住宅区的人也大多自建成之日起就一直住在那里，如今这些家庭中老年人家庭的比例急剧提高。加之新增人口不断减少，空置房不断增加，人口数量处于持平或减少的状态。因此，购物以及医疗等地区服务功能日渐减少，随之产生了老年人照护问题。此地域环境下，老年人想要一直居住在熟悉的地方并非易事。

随着日本国民平均寿命不断延长，"人生100年时代"被列入国策，想让人们一生都住在熟悉的地方过着幸福的生活，就必须结合每位居民的健康状况以及地域特征提供相应的支持。简言之，需要新的社会机制和技术研发来打造能够支持每位老人生活自理的生活环境。

在此需要尝试转变思路。如图5-1所示，从目前老年人的居住形态与居住地区便利程度两个维度对过去老年人居住政策进行了分类。X轴代表老年人的"居住形态"，Y轴代表与交通工具、生活设施有关的"地区便利程度",以往的政策旨在让人口向"地区便利程度"高的地区集中(紧凑城市政策),或有意加强家人护理或进养老院这样的自助与公助体制。然而最重要的是创造对老年人友好的居住环境,让老年人在熟悉的环境中生活。为此,将"长期居住"定为新的价值观(Z轴),重新审视现有的老年人居住政策,向思考如何做转换思路。

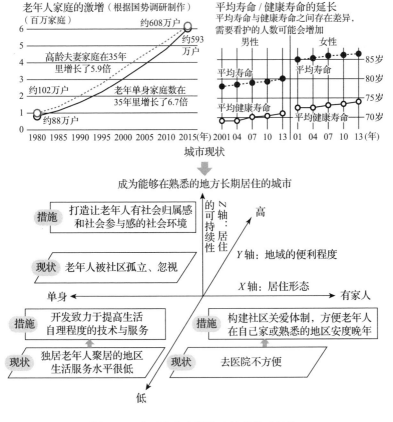

图 5-1 关于老年人居住支持的范式转换

如果说以人为中心的"社会5.0"是为构建"可长期居住"的社会,则必须构建一个老年人安全、放心的生活的网络空间。其中需要涵盖从日常的健康管理到应对突发伤病情况等考虑,关键是通过规避生活中可能存在的风险来打造一个无须看护的环境。同时为了营造老年人自理的生活环境需要提供必要的技术支持,根据个人生活方式进行环境的最优化。本章第2节将基于价值观的范式转换,提倡研发有人情味的技术、提供数据驱动型服务来支持人生100年时代的居住环境。

可以较自由地选择居住和工作环境

大都市圈的市中心主要为办公楼、商业设施等工作场所集中的地方,而郊区主要为住宅区。由于市中心高昂的房价与地价,大多数上班族不得不忍受漫长的通勤时间,居住在房价较低的郊区。图5-2给出了首都圈的居住人口密度和就业人口密度的分布情况。从图中可见居住人口向郊区扩散,与之相对的是就业人口过度聚集在市中心,这意味着首都圈的办公楼都位于东京市中心地区。因此便出现了工作在东京市中心,住在郊区的所谓"职住分离"现象,而这样的人不在少数。

图5-2将首都圈的就业人口按照居住地所在地（X轴）和工作所在地（Y轴）的两个坐标轴分成了四个象限。根据2015年人口普查结果,整个首都圈的全职以及兼职就业人数为1600万人[1],其有明确的居住地和工作地点的为1450万

人，其中"住在郊区，在市中心上班"约为 270 万人。与之相对，"住在市中心，在郊区上班"约为 40 万人，仅占通勤方向为郊区到市中心的 1/7。

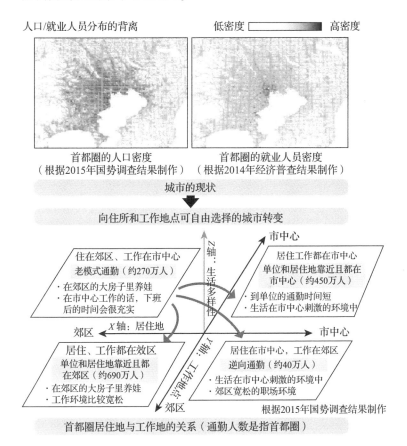

图 5-2 大都市圈的居住、就业相关的范式转移

通勤电车的拥挤情况也与之相关。早晨通勤时间从郊区到市中心的上行列车为满载，而反方向的下行列车乘客较少，傍

晚时间与之刚好相反。可见，日本大城市的轨道交通网并未充分发挥其运载能力。尤其东京的轨道交通网发达程度堪称世界级别，山手线上的枢纽车站延伸出放射状轨道，从沿线的卫星城开发情况来看，提高"住在市中心，工作在郊区"的人口比例可提高轨道交通设施的有效利用率，同时对提高首都圈的运载能力有着积极意义。

巴黎等城市也有针对市中心到郊区的"Reverse Commuting"（逆向通勤）相关研究[2,3]。据说位于美国硅谷的谷歌总部便有许多应用程序开发者住在旧金山市中心，到位于城市边缘地区的硅谷去上班。目前在首都圈的二子玉川、柏之叶园区等也逐步形成郊区办公楼。将工程师、研发人员的办公室布局在自然环境优美、工作环境轻松愉快的郊区，取代以往摩天大楼林立的市中心，这种思路也很值得进一步探讨。市中心房价和地价水平在可承受的前提下，若实现在网络空间工作，便无须将办公地点集中在市中心。这时人们便更愿意接受居住在市中心享受餐饮、电影院等完善的娱乐设施，到郊区去上班的生活方式。为了确保生活方式有更多的选择，实现以人为中心的社会，必须从以往大都市以"功能集中化、高度化"为基调的城市系统，转变为以"分散化、多样化"为基础的城市系统。

实现转变的关键问题是克服"集中的利益"。以往的常识认为办公楼在地理上集中意味着经济效率以及资源利用率的提高，这一观点得到了全社会的认可。然而很多住在郊区的上班族不得不花费大量时间在通勤上，大大牺牲了个人可利用时间。这与以人为中心的"社会5.0"理念背道而驰。为解决职住分离带来的问题，提出了在家办公（SOHO）的概念。节省每日通勤时间，人们在分散的办公室里通过网络空间工作的技术以及环境正在逐步完善。然而办公地点分散化将导致能耗增加以及效率降低，有可能阻碍改革的推行，这一问题至今仍未有强有力的解决办法。近年来，针对一栋建筑的能耗管控系统（BEMS）和针对某个地区的能耗管控系统（CEMS/AEMS）已逐渐落实，然而要想实现在都市圈范围内灵活选择工作地，还需要有针对性地研发不受地理集中性约束的能耗管控技术来管控全社会的能耗。这便是第4章所论述的共生自律分散系统在都市圈的应用。

本章第3节中将会介绍通过研发统筹人、办公楼、建筑、地域、都市圈等多层面的能耗管控技术，促进全社会零碳化的举措。城市将从过去的以经济效益为重的城市，逐步转变为生活方式多样化、无须忍耐便可实现节能的城市。

地域社会充分展现本地区的独特魅力

把目光转向地方，人口减少一直是令自治体困扰的一大问题。许多自治体利用地区旅游资源和优美的自然环境来维持甚至增加交流人口（游客、来访人员、暂住人员等）与常住人口，并将其作为政策目标。但是日本总人口长期以来呈减少态势，今后将会出现自治体之间争夺有限人口资源的现象。如图5-3所示，解决问题的根本在于根据过去的交流人口及定居人口的数据，制定适合该地区的可持续发展政策，或为此目标推行有效措施。

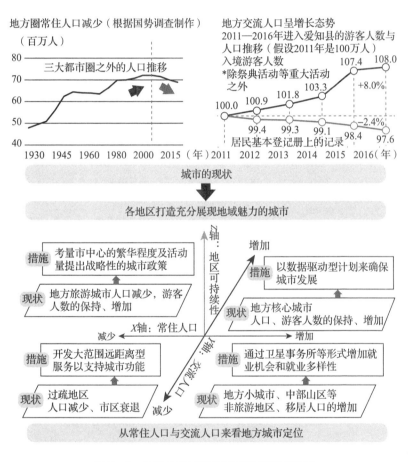

图5-3 关于地方城市可持续性的范式转移

例如需要探讨在常住人口不断减少而交流人口增加的地

区，如何维持地域社会的可持续发展，又如何把地方的特点进一步转变为魅力展现出来，维持并增加交流人口。针对此类问题，"社会5.0"提出在网络空间内分析数据及多个事例的同时，对比、审核所有可能成为未来代替方案的脚本。利用网络空间来协助地方确定自身发展方向指日可待。

然而，用于分析本地区的实际状态、推测施政效果的模拟工具或数据并非随手可用。自治体要想了解自身的现状，需要以人口普查、经济普查等官方统计调查数据，以及在城市规划的基础上开展的城市规划基础调查、以国家实行的居民出行调查数据为依托。然而此类官方调查实施间隔为5年甚至10年，且多以网格区划图或者市町村㊀、丁目㊁等粗略的单位进行统计，无法掌握短期内局部地区发生变化的城市状况。例如，现在无法实现预测新增或拓宽道路的效果，无法针对各类政策实施和社会实验的效果进行详细事后验证。制定企划→推行落实→验证效果→分析→反映到下次的企划中，地方自治体在顺利完成"PDCA循环"㊂的过程中，目前可用的数据和分析工具都很脆弱。与其等待国家提供调查统计数据，地方通过人工卫星、移动终端空间信息等方式获取最新大数据并构建网络空间的效率更高。

㊀ 市町村，日本基层自治体。
㊁ 丁目，相当于中国的街道。
㊂ 一种质量管理工作方法，也称为"戴明环"。Plan（计划）、Do（实行）、Check（评价）、Action（改善）的首字母缩写。

为在预测道路整修、城市开发等的实施效果的同时灵活推进计划，可以在工程推进过程中采集工程以及周边地区相关的数据加以利用。为此需要构建一个统筹及利用有效大数据的数据统筹平台。本章第4节就地域创生方式"数据驱动型计划"及其实现手段的必要性与可能性进行了论述。

此外，用何种方式来收集参考地域物理空间（现实世界）中的道路、建筑数据以及人的动态、交通数据，构建网络空间的技术性问题这些自不必说，如何利用构建起来的网络空间也是不得不面对的问题。若地方城市确定了收集公民出行以及汽车交通大数据的方法，那么拥有实时再现城市情况的可视化装置便指日可待。此类程序若仅掌握在少数专家手里未免造成知识资源不能物尽其用。只有打破行政、民营企业、居民的界限，创造面向地域的未来共同对话机制，网络空间才能充分发挥其支援城市建设的能力。而这关系到网络空间与物理空间（现实世界）相融合的真正以人为中心的城市建设。

网络空间在城市建设中的作用

若按照以往的城市建设的普遍方法无法解决以上三个命题。若要以网络空间与物理空间（现实世界）相融合的"社会5.0"方法论来解决这些命题，必须转变过去城市建设的思路。颠覆社会常识的"价值观转换"、基于集约的知识摆脱既定框架的"价值观的创造"，或者重新对过去已有价值观进行

"价值观的重塑",只有通过诸如此类的方法转变思路,"社会5.0"的社会面貌以及命题解法才能逐步清晰起来。仅仅转变价值观并非充分条件,此外还需要相应的方法论。换言之,"社会5.0"具有为普遍性问题提供一种结合新价值观的方法论的作用。

在城市与居住的变革中,网络空间具有三个方面的意义及作用。第一方面,网络空间对每位居民可以说是办公室的替代环境。在此人们可以较为自由地选择工作环境,这与城市、居住的变革密不可分。第二方面为网络空间在技术层面的意义。网络空间将从技术层面降低由自由选择居住地与工作环境而产生的效率低下及能耗增加的风险。相应技术有 BEMS、CEMS。第三方面为作为城市建设的支撑工具。各地区可自主收集移动终端空间信息、出行数据等大数据,利用网络空间将其整合后的数据可视化,在地区内实现共享、评审城市未来面貌。

网络空间是将物理空间(现实世界)数字化的结果,通过将二者融合来实现城市以及居住的变革至今尚未实现。以下我们将通过三个命题的相关专题,就实现城市以及居住变革的技术研发方法与方向进行讨论。

02

打造支撑人生100年时代的居住环境

"社会5.0"与居住地设计

本节以与少子老龄化问题相对应的居住地设计为主题。

进入正题之前,先简述"社会5.0"与居住地设计的关系。

在本节作者认为单凭以往决定居住生活环境的两股力量——市场与政府已无法实现居住环境的最优化。对此,"社会5.0"的作用就在于发挥第三方公民社会(也就是公民社会或者现代社区)的力量来创造符合全体公民意愿的可自主控制的居住环境。

该命题的必然性主要有以下三个因素。

第一个因素是脱离"物质丰富的富裕社会"。

对私人物质欲望以及私人空间的体验欲望得到满足,而对个人力量无法企及的公共空间体验的欲望（或谓不满）在高涨。例如，在20世纪80年代，日本人的住房十分狭窄，被戏称为"兔子窝"，一度成为社会问题。如今住宅越来越宽敞，满足了人们的需求，而街道、步行环境以及公共交通环境的贫乏，购物空间、咖啡厅、文化设施、公园等聚会交流场地的匮乏与质量低下问题日益凸显。但是由于市场竞争原理无法作用于公共空间设计，以及各种公共政策的制定等"公权力产物"，在此需要用到不同于市场机制的公民管理。因此，将公民的意愿体现在包括公共空间设计在内的公权力产物的设计与运营管理中，"社会5.0"需要把这一"共创"的过程植入社会当中。

第二个因素是环境问题已刻不容缓。

地球环境也是广义的公共空间，现如今维护、治理地球环境的任务十分紧迫，单凭市场与政府的力量难以保证人类活动与人类生活（居住）环境的舒适度。为此，需要借助公民社会、公民自身自觉或有组织地进行环境管理。

第三个因素是在"社会5.0"中，在全球信息网络化、充分运用大数据的条件下可实现复杂生活环境、人类活动的动态可视化以及及时的统筹控制，同时可实时汇总公民意愿。

在此背景下，通过公民意愿自觉控制人类活动以及生活环境正在逐渐成为现实。换言之，"社会5.0"首次打开了运用

ICT/AI/大数据，遵照公民意愿自觉有效地管控公民、企业、政府的活动与居住生活环境的可能性。

人生100年时代的挑战：少子老龄化问题

日本是老龄化程度世界第一的发达国家，预计到2050年65岁以上老人的占比将接近40%。在人生100年时代，即使没有少子化问题，仅寿命延长便会形成老年人口占总人口1/3以上的超超老龄化社会。人生100年时代若是人人都能健康安享晚年的长寿社会，便实现了自古以来人类的梦想。由此看来，老龄人口比例高本身就是一件值得高兴的事情。

然而，社会能否承担日益增多的需要看护的老人成了问题。在2010年平均有20个劳动力看护1位老人，到2030年平均有10个劳动力看护1位老人，而到2060年这一数字将降至5人。由此看来，情况不容乐观。另外，虽然看护保险服务不断完善，但2/3的老人是由家人看护的，且能实现24小时在家护理的地区极其有限。由于看护老人任务繁重，随之产生了老老看护、看护离职、虐待等问题。

图5-4描述了支撑人生100年时代的居住地设计三大目标。

① 将健康可自理寿命最大化：使需要护理的人数降到最低、需要护理时间缩到最短	地区活动中确保适当的饮食、身心活动及休养常态化，创造低风险的居住环境
	为地区创造良好的社会以及空间环境，确保老年人不闷在家里，积极交流活动
② 创造良好的地区社会、空间环境确保老年人即使身心衰弱也能在家生活自理	形成地区总体关爱机制以及支持性的生活环境来保障需要支援、需要护理的老年人在家生活自理
	通过公共、居民、企业三方合作（共助型）实现地区关爱与生活支援的体制（单凭自助、公助已经无能为力）
	研发二次护理预防及自理支援（康复训练）手法，确保老年人接受护理的程度不再加深
③ 增加劳动人口	工作不受年龄限制的社会：没有退休制的社会，工作、活动方式多样化的社会
	"终身学习"社会——接受高等教育和职业训练不受次数、年龄限制的社会（终身教育）
	打造方便身心能力退化人士活动的地区环境和职场环境（职场环境的通用化设计）
	推动少子化对策落实 为减轻育儿负担：降低居住费、教育费等费用（经济负担）自不必说，关键是兼顾事业与育儿生活（工作生活平衡）以及育儿带来的劳动人口减少的问题
	移民政策：形成多文化共生的社会

图 5-4 打造充满活力的超少子老龄化社会的三大目标

维持生活自理能力的方法

何种环境有益于维持生活自理能力？老人无法自理的原因主要有以下三点（2013 年度）：

① 中风与心脏疾病（即血管疾病）排名第一（25%）。

② 摔倒骨折及关节疾病（即运动功能障碍）排名第二（21%）。

③ 认知障碍排名第三（16%）。

而认知障碍与心血管疾病有极大关系。

心血管疾病和认知障碍属于生活习惯病，而摔倒骨折、关节疾病则是由于体力下降或骨质疏松以及居住环境不便引起的。因此，通过适当的饮食、运动、休养和改善居住环境等措施，可以降低发病风险。

居住环境设计方面，一方面要降低事故风险，即使突发事故致麻痹或运动功能障碍，也能通过辅助工具等尽可能达到生活自理。此外，日本人死亡原因第六名是"意外事故"，其中75%是家庭内的事故。

如今交通事故导致的死亡人数每年在4000人以下，而在自己家里摔倒、跌落和浴缸内溺水导致的死亡人数达到每年约1.5万人。即使侥幸躲过一劫，大多数老人（特别是女性）也会因此失去自理能力。热休克容易引发中风，厕所与浴室是高发地。因此为降低由居住环境引发的失能风险，住宅设计上需要减少因走路不稳导致摔倒或热休克的可能性。另外，可以通过引进AI系统，在老人摔倒骨折或脑梗死发作倒地时能够及时感知到危险并立即呼叫救护车。特别是脑梗死患者在几个小时内得到救治可大大降低后遗症的可能性，该系统在此显得尤为重要。

地区社会性、空间性环境的重要性

即使明白维持自理能力的关键在于适当的饮食和运动，然而独自坚持锻炼并不容易，独自吃饭也显得格外乏味。老年人要保持身心健康，需要走出去与同伴们一起活动、饮食。每周仅出门1次的人的行走障碍发病风险比每天出门的人高4倍，罹患认知障碍的发病率高3.5倍，这已形成了共识。外出机会减少将大大损害老年人身心健康。

换言之，延长健康寿命需要：①适宜的饮食、身心运动、充分的休息；②安全的居住环境；③完善增进外出交流与活动机会。所以地域环境就显得尤为重要。

WHO 的健康老龄化政策

WHO 也提倡通过完善地域环境预防老年人自理能力的降低（图5-5）。如图5-5所示，通过一次预防来增强随年龄递增而降低的生活自理能力，通过虚弱化预防和二次预防来防止老人的进一步衰老，最终通过在宅医疗、看护、护理来支撑人生最后阶段。同时提出打造无障碍地域环境帮助保持老年人健康，并充分利用轮椅、步行器等辅助工具和机器人，确保老人在身心能力退化时也能保持生活自理（assistive techonology 的运用）。

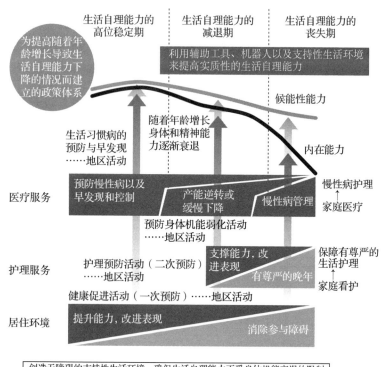

图 5-5 WHO 的健康老龄化政策

出处：根据 WHO Summary：World Report on Ageing and Health（2015）绘制[5]。

创造支援性的生活环境

在未来要实现的居住环境便是前文 WHO 在健康老龄化政策所提出的打造支撑老年人生活自理、激活地域活动的社会性、空间性环境。在此将其称为"支援性生活环境"。以下对其进行简单描述。

老年人生活能力退化便会需要"移洗排认睡食"（移：出行；洗：洗澡；排：排泄；认：认知；睡：睡眠；食：吃饭）"六个方面的照顾。

过去照顾老人主要靠家人、亲戚及传统的地域社会，而如今有了看护保险等新事物。虽然老年人看护在逐渐社会化，然而由于成本和人手不够等问题，服务水平差强人意。运用 ICT/AI/机器人等来辅助老年人实现生活自理，减轻家人与社会的看护负担变得尤为重要。有了环境网络基础设施[4]的支持，才可能实现公共、居民、企业联手共创支援性生活环境。

可以基于网络基础设施构建物质环境、护理支援环境、社会性环境三个层面的基础设施，由此提供各类"生活支援功能"（①关怀/认知、交流支援；②出行支援环境；③看护支援；④交流、活动支援；⑤工作方法支援；⑥育儿支援）。

在实现育儿与工作兼顾的居住环境设计方面，单靠完善地域社区（邻里）生活环境仍显不足。还需要工作生活方式多样化的都市圈、国家层面的社会性、空间性设计。其中具体包括实现短时间工作、轮岗制、在家工作、卫星城办公、近距离职住等栖息空间重组。若不推动东京等世界最大规模的超级城市从根本上进行空间构造、通勤构造的重组，全日本的地方分散政策，恐怕难以解决少子化带来的诸多问题。

首要开发目标

在整盘计划中，日立东大实验室的首要目标是研发"守护/帮助认知、交流"的环境网络基础设施。

其中智能环境网络基础设施（更接近机器人或宠物）能够综合分析图像与声音数据后做出判断，根据用户的意愿在认知、交流方面进行辅助、提议并引导。

日立东大实验室计划自2016年起至2019年年末的时间内完成住户内守护系统模型。随后将其扩展为可辅助认知障碍者在家生活和整个地域的守护系统。

1. 研发系统目的

针对老年人中多发的摔倒骨折、浴缸内溺亡等宅内事故，以及中风、心肌梗死等问题，能否采取迅速、恰当的措施关系到老年人的生死以及病后康复。而有适当的守护系统辅助独居老人和白天独居老人，可有效提高家庭看护人员的生活质量，防止因看护老人造成的离职问题。由此看来，研发AI守护系统模型应作为打造安全放心的支撑性生活居住环境的第一步。该系统能够感知独居老人以及白天独居老人家庭、提供服务的老年人住宅、养老院等的住房（房间）内发生的紧急情况并采取相应的措施。

2. 研发系统的必要条件

① 通过综合分析图像、声音数据感知摔倒事故并发出紧急通知。

② 通过非接触感应感知到脑梗死、心肌梗死发作并发出紧急通知。

③ 在感知紧急事态时，为防止判断错误要进行对话确认。

④ 对话时充分考虑到老年人的特点，如刚睡醒或洗澡中未佩戴假牙而发音不清楚、耳背等（面向老年人的系统这点尤为重要）。不可将电视、收音机等声音与用户的声音混淆（通过判断发声位置、分析声音特征。）

⑤ 即使是在噪声较多的浴室与厕所依然能够准确感知到事故和发病情况（由于并非是寝室故允许频繁呼叫）。

⑥ 在住户内会配备大量的摄像头、话筒，但是主要用户交互装置将采用宠物型（最好是玩偶型）对话机器人——固定为最佳，可配备多个小狗形、小猫形、小鸟形等不同样式，在浴室和厕所等房间配备小型的液晶显示器。

⑦ 发出紧急通知时，根据对方指示与被通知方连接显示器图像与通话线路（即通过视频电话连接住户内终端与被通知方）。

⑧ 可根据用户的声音指令发出紧急通知、实施智能家居控制、打电话、进行咨询（即可以打视频电话的智能扬声器）。

03

零碳社会与能源 × 生活管理

需要忍耐的节能与无需忍耐的节能

夏季把空调温度设定为28℃已成为一种共识。在这之前通常把温度设定为26℃。而把温度设定为28℃的原因之一是为了履行《京都议定书》中所指定的减少温室气体排放的义务，同时，为了减少因提高温度造成的不快感，日本政府推行了减少着装量的清凉商务（Cool Business）政策。此外，虽然属于紧急情况，但是东日本大地震对节能的影响也很大。然而，现在很多人都对这种节能方式抱有抵触情绪。其问题不在于清凉商务，而在于28℃的温度设定并不恰当。众所周知，夏季把空调设定为28℃不仅使人感觉不适，还会导致生产能力下降。这种需要靠忍耐来节能的方式一直未被学术界所推崇。事实上，28℃是人体所能容忍的上限温度，推荐设定温度应在26℃上下。

如何才能实现无须忍耐的节能？第一点便是避免浪费。众所周知，在没有人的房间可以关闭空调来避免浪费，当然目前在一定程度上已考虑到了这些解决手段。然而使空调系统和照明系统的日常优化运行却少有人知。如何设定空调温度同样也是优化的一种，但除此之外在系统内还有各种各样控制参数的设定值。综合考虑这些设定值就能创造恒温低能耗的环境。

也许有人会对此有疑问，在设计阶段难道不是已经考虑参数设计值最优化了吗？然而事实上只有设定参数值最优化这一点是仅在设计阶段时期内无法考虑的。加之空调系统和建筑一样皆为由多种设备组合而成的流水线产品，所以几乎可以断言状态不佳的时候。因此，诊断出故障并加以应对十分重要。本应在竣工后对建筑进行运行优化的调试，然而在大多数的情况下都未能完成这项工作。甚至无法掌握目前的运行情况。虽不能一概而论，但与汽车有车检、维修等持续维持性能的手段相比，竣工后的建筑交付给业主后，后续的运行管理市场却尚未成形（图5-6）。然而优化运行所带来的节能效果比想象中更加显著。

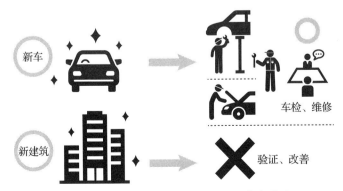

图5-6　建筑竣工后的运行管理市场尚未成形

专业人士所说的"运行中的节能"指的便是上述方式，然而业主只能想到把室温调高到28℃来实现节能。为了消除认知上的隔阂，专业人员会对业主进行解释说明，然而如果不是原本就对系统的基本原理有所了解，就算解释了也无法理解何为"运行中的节能"。而这一隔阂由来已久。尚未成形的市场也意味着专业人员并未尽力消除隔阂。然而如今这样从容不迫的态度已经不适应社会发展了。

已建成建筑存量的零碳化

全球气候变暖是推行零碳化的主要原因。2016年11月生效的《巴黎协定》确定将思路由低碳转向零碳。日本承诺到2030年温室气体排放量比2013年减少26%，换言之，民用建筑的排放量必须减少40%左右。具体来说，需要在供给侧推行"普及再生能源""提高火力发电效率""重启核能发电"等策略，在需求侧则实行"建筑物的彻底节能"。将民生业务、家庭方面作为推动零碳化的主力这一理念在发达国家是相通的。

国土交通省综合政策局的建筑保有量统计以及建筑开工统计调查报告显示，2015年公共类建筑总面积约为18.36亿平方米，开工面积约为5100万平方米。居住类建筑存量使用面积保有量约为55.3亿平方米，开工面积约为7900万平方米。由此可知，与已建成建筑总面积相比开工面积的比例极低，公共类约为2.8%，居住类约为1.4%。而今后这个比例也很难继续增长。由此说明阻止全球变暖的首要任务是实现已建成建筑的零碳化。

提高新建筑的能效格外重要。目前日本不断增加的零能耗建筑（ZEB）不仅在零碳化方面，同样在不动产价值、技术研发方面皆有重要意义。然而即使是所谓的 ZEB，能否遵照设计意图来运行，其性能是否得到保持与提升无疑都是问题。若上述问题无法得到解决，不仅不动产的价值无法反映实态，而且从技术发展的观点来看，得不到反馈将被世界所淘汰。毕竟 ZEB 竣工后也会成为已建成建筑。

那么如何推进已建成建筑存量的零碳化？在此需要主要着眼于"管理"进行分析。

能源管理

图 5-7 所示为某办公建筑竣工（2004 年）后 10 年内的能耗情况。10 年间能耗减少约 40%。即使抛开东日本大地震的影响，能耗也降低了 20% 左右。

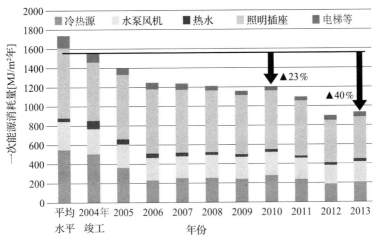

图 5-7 办公建筑竣工后 10 年间的能耗量变化

其原因在于利用各种分时计量数据对冷热源、空调、照明系统进行定期检验，消除浪费的同时采取了优化运行的结果。坚持定期检查系统并进行最优化调试的建筑都实现了同等水平的节能效果。专业术语称之为调适（Commissioning）。虽然现实中能做到调适的建筑在不断增加，但在日本仍未得到普及。

目前调适仍存在三个问题，即阻碍运行阶段的三个问题。第一个问题为，鉴于系统的定制生产性及其复杂化、高级化的特征，能够负责调适的拥有专业知识技术的人才有限。每栋建筑都配备这样的人才并不现实。而人们认为的中央监控室，却仅实现了字面意义上的监控功能。第二个问题是，调适需使用以分钟为单位的成千上万条数据，现在近乎人工收集数据的操作方式则效率极低，而且缺乏时效性。如图5-7所示，不论最终节能效率再怎么提高，花费10年来实现的过程中能源损失仍旧很大。空调系统在制冷、供暖时的运行特征不同，并且建筑的使用方式以及气象条件每年都在变，使得调适变得费时。即使如此10年时间也过于冗长。

为解决上述问题，一方面可以通过集中人力进行多栋建筑的远程调试，还可以推进以最短时间达到最大节能效率的AI等信息技术支持调适高效化、自动化发展。诊断系统运行跟踪情况并"进行手术"的调适如同我们的健康检查，持久的管理十分重要。因此，需要争取实现调适工作的远程操控以及高效化、自动化，为了实现上述功能，降低系统能耗的能源管理必不可少。有报告指出美国谷歌公司在自己的数据中心运行利用DeepMind AI降低了40%的电力消耗（2016年）。但是比起数据中心,不确定因素更多的公共建筑(特别是写字楼)的多栋远程能源管理,更是难上加难。

第三个问题为,前文所提及的运行管理市场尚未成形。此问题不仅是技术问题,还涉及社会制度、商业习惯甚至伦理问题。事实上,节能的性价比难以触动业主。虽然因签约合同而异,但通常租户需要向业主支付单价高于正常水平的电费和煤气费,因此多数业主对于节能情况并不关心。一直以来,都以节能可以降低煤电费这种单纯的性价比来进行宣传,但业主自始至终从未考虑过通过节省这些费用来提高收益。因此有必要结合其他方法吸引业主实施能源管理。由此可见,节能不应仅考虑短期性价比,更应该从涵盖了节能、防止全球变暖的社会价值的社会投资回报率(SROI)等长远指标来评价它。这与《巴黎协定》后迅速普及的 ESG 投资〔将环境(Environment)、社会(Social)与治理因素(Governance)等非财务信息纳入投资决策〕密切相关,同时取决于今后业主能否在社会贡献的具体行动中发现价值。

与生活管理的协同合作 (能源 × 生活)

虽然夏季调高空调设定温度可达到节能效果,但会影响舒适性与生产效率。然而,即使不调高设定温度,依然存在实际的室温对每一个居住者来说是否是最舒适的这一问题。女性在开足冷气的办公室里往往离不开毛毯。即使想要室温控制在设定值,也不可避免出现时间、空间上的分布差异。另外,舒适度和生产效率存在个体差异。换言之，若利用每个人的生物体征、嗜好、行为等信息提高环境状态对个人的适应性，便能够提高每个人的生活质量（Quality of Life，QoL）。这就是生活管理。

与过去相比，生活管理可提高每个人的舒适性与生产效率，并有可能在未来给业主带来不动产的增值。这是因为生产效率提高意味着在有限的工作时间内可产出更多利润，从而带动更多租户入驻该建筑。据说办公室的人力成本是能耗费用的100倍之多，因此在能够提高人们舒适性和生产效率的性价比方面对业主更具有说服力。

能源管理与生活管理看似无关，然而想要通过生活管理进一步提高生活质量，就要对环境状态进行空间上的差异化设置，增强个人适应性。因此需要测量某一空间场所在某一时刻的生活质量，同时为了实现环境差异化，系统的环境控制必须从"少数服从多数"控制转变为以个人为中心的控制。此外，环境状态的差别化设置会改变负荷（以制冷为例就是指从房间内带走的热量），这种手段也有可能减少负荷从而达到节能。若要将能源管理与生活管理的作用最大化，则两者必定要协调合作。

由此可见，能源管理与生活管理相辅相成可以实现节能与提升生活品质的全面最优化，有益于为经济注入活力。过去单纯追求节能导致生活质量降低、经济活动停滞等不理想的结果，现在可以通过二者一体化推进，使已建成建筑存量有望实现可持续零碳化循环。即实现了节能与生活质量提高的并行创新（图5-8）。

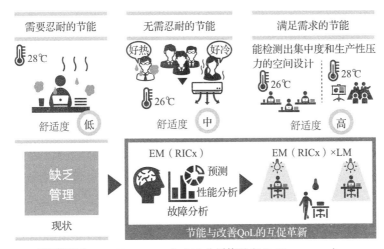

EM: 能源管理（Enegy Management） LM: 生活管理（Life Management）
RICx: Remote+IT+Commissioning(Cx)

图 5-8 从需要忍耐的节能转变为无须忍耐、满足的节能

若要将此管理方式转变为应用阶段的商业模式，可向业主宣传"能源管理可以吸引 ESG 投资""生活管理不只能吸引 ESG 投资，还能吸引租户"等特点。

以下主要从生活管理方面简要叙述能源×生活管理，以加深对能源×生活管理的整体理解。

行为习惯对能源使用的影响

一定有这样的学生，独自一人打开所有的灯在一间灯火辉煌的大教室独自学习。想必在大教室独特的氛围中可以集中精力，提高学习效率。若在酷暑和严寒季节开足空调，舒适度将更上一层，这么做无可厚非。然而此类做法显然造成了能源利用率的降低。当事人却不曾考虑到能耗问题。节能意识的匮乏才是这类问题的关键所在。那么是否有相应的办法能够令其获知自己的行为消耗了多少能源,且在他理解的基础上促使他转移学习地点?现阶段一般会被老师或门卫赶出教室。

与在家学习相比,很多学生认为带着电脑在咖啡厅学习可以集中注意力,效率更高。此外在咖啡厅工作的白领通常被叫作游牧民,这类人也在增加。一杯咖啡钱对他们来说完全不是问题,这点投资换来的舒适性和高效率工作是非常值得的。而且咖啡厅里冷暖气为多人共用,人均能耗较低。再者,咖啡厅收益变高又促进了经济活动。如果这间咖啡厅离家近更是不仅走路不耗能,还有益于身体健康。无论是学生还是白领并未意识到这一点才这么做,但是他们在无形中为节能做了贡献。有没有办法让他们知晓自己的咖啡厅"游牧"活动为节能做了多少贡献呢?

在大教室学习或者在咖啡厅学习都是行为习惯。行为人因此感受到舒适与高效。做出相应行为无须太多的思考,即不给大脑造成额外负担便是行为习惯。两种行为习惯中,前者伴随更多能耗的行为习惯,而后者正好相反。希望能把前者的行为习惯都转变为后者。

行为改变与助推理论

"行为改变"常出现在以戒烟、戒酒、节食等健康行动为对象的研究及其具体措施中。行为疗法是心理学疗法的一种,它是基于学习、行动理论的不恰当行为的治疗理论和手法整理而成的,被广泛应用于各类对象的过程中,行为改变作为其专业术语广为人知。心理学家詹姆斯·普罗查斯卡（James O. Prochaska）提倡的多理论综合模型将行为改变分为五个阶段，将介入方式总结为五个经验性过程及五个行为过程，并且提出行为改变时把握好处与负担的平衡，提高自我成就感极为重要。改变行为时需要避免过多物质上和心理上的负担。换言之，因为行为改变而带来的身体及情感上的变化将变得不那么难接受，这种不适感的降低非常重要。行为改变所带来的满足感有助于行为的可持续性。

经济政策以及以市场为对象的举措中有"助推"一词。其中有名的例子为男性小便池上的苍蝇图案的故事。一直以来在便池上张贴注意卫生的纸条都未起到任何作用，然而反过来利用人们想要冲掉苍蝇的行为心理后使得厕所清洁得到保持。经济学家理查德·塞勒（Richard Thaler）提倡的助推理论，从行为经济学的角度总结出了通过非强制手段引导人们自发做出合理行为的机制与方法。助推的手法包含叙述性规范与命令性规范相关理论。"叙述性规范"指大多数人都采取的行为就犹如"最恰当行为"一般被人认知。例如"大家一起闯红灯就不害怕"正属于此类。命令性规范指大多数人知道"应该这样做"。虽然闯红灯是违法的，但我们希望人人有"大家都在节能，那么我也要这么做"的想法。

"社会5.0"中的生活管理

前文从实现发展经济与解决社会问题的兼顾从而形成谁都

可以舒适生活的超级智能社会、可以实时往来于网络空间与物理空间（现实世界）等多个角度描绘了现在仍未实现的"社会5.0"时代的愿景。随着物联网时代的到来，物理空间（现实世界）中的大量信息输送到网络空间产生新信息并瞬间反馈回物理空间（现实世界）。传感器可以感知人类的舒适与不适、压力以及情感，并将感受与气氛进行扩张，传递给他人或其他地方，从而能够预测能耗与人的行为。而能够对信息、感受及预测进行实时利用便是"社会5.0"的最大价值。只要充分利用这种伴随人体感觉的预测与提示，行为习惯的改变将更为轻松，而每个人的一个行为可能会产生巨大的社会价值。

以"休息"作为切入点。人们为了在公司尽量完成工作会牺牲自己的休息时间，因此过度劳累。然而真正用于工作上的时间有多少呢？休息是否会缩短实质性的工作时间？实际上大多数人将休息等同于偷懒，因而舍弃了休息。"社会5.0"则可以在恰当的时间内高效地休息，并实时监控疲劳度及生产效率。通过提示现在若休息后可提高多少生产效率以及何时能完成工作，同时配合令人放松的香气、振动、声音、灯光促使人进入休息状态。这一功能能够客观提示休息后可实现更好的表现，从而消除了偷懒的嫌疑，可以毫无负担地去休息。休息期间关闭电脑和灯可达到节能的效果，且可以知晓自己对节能做出了多少贡献。

如此一来，应该也可以在老师或门卫发火前把在大教室学习的学生"拯救"到咖啡厅去。

04
地域创生与数据驱动型计划

为何选择数据驱动型规划（城市规划）

交通规则在城市规划中是极为重要的部分。20世纪50年代，芝加哥在城市交通规划中首次引进可测量的手法。日本在广岛城市圈实施居民出行调查后确定了定量化的城市交通规划。此后，30万人以上的城市都要通过3%~5%的抽样调查结果分析交通行为。经济高度成长期后的城市交通规划及其评价都是以此为基础开展。而此规划手法是以计算机功能为基础的（图5-9）。工程工作站（Engineering Workstation）的问世使交通仿真更加贴近工程师的日常工作，行为模型的参数推测可用于预测旧金山湾区捷运（Bay Area Rapid Transit）情况，2000年诺贝尔经济学奖被授予离散选择模型的提出者麦克法登（Daniel L McFadden）。

现实中城市交通规划首先需要通过问卷调查收集一个人一天的行动，分别收集从出发地到目的地的出行方式，并利用相应统计模型对发生与集中、分布、分担、分配交通的未来量进行预测，进而按需建立起城市交通规划。该方法是以50年前提出的计算模型为基础形成的。另外，书面收集交通行为数据的方法不断进化，2000年名为Probe Person调查的出行数据能够通过交通工具中的通信系统直接用在城市交通规划中。可以说数据驱动型规划时代的大幕即将拉开。但即便如此，运用该方法制定交通规划仍进展缓慢。这是为何？

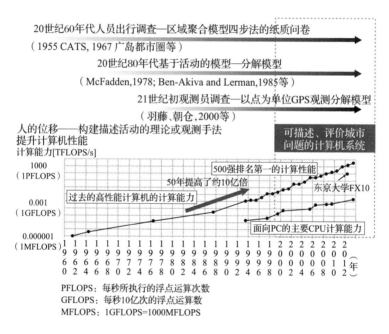

图5-9 计算机性能的提升与城市规划

败诉的交通规划

1989年6月，环保组织Sierra Club起诉了旧金山大都会交通委员会（MTC）。被起诉的 MTC 模型构建于 1977—1978 年，由于当时计算机性能有限，未能算出各个副模型之间严密的均衡值。MTC 主张"建设高速公路→扩大道路容量→提高行驶速度→降低温室气体排放"这一因果关系，认为"建设高速公路可以缓解交通拥堵为环保做贡献"。对此环保组织认为"MTC 的主张没有充分考虑到缓解交通拥堵措施带来的诱发交通流量问题"。

从判决结果来看，旧金山大都会交通委员会败诉（高速公路规划最后没变），被迫反复修订该规划并且不得不着手研发新的交通规划方法。即便政府派出研究人员出庭辩护，也未能敌得过世界级环保组织 Sierra Club。根据其众多优秀研究人员发表的专业论点，法院最终认定需求预测方法存在瑕疵。

城市规划和交通规划一直存在诸多诉讼。因为很多城市规划事业限制了长久以来受宪法保障的土地使用私有权，在公共福利的名义下长期弃公民生活于不顾。主体的公共性以及手续的公共性正在逐渐失效，在需要通过数据来确切说明规划是否妥当的背景下，理由的公共性即城市规划以何种理由具有公共性亦需要被说明。城市规划既然是一种社会制度，就有义务对其进行解释。从保护隐私的角度来看，随意使用个人数据的城市规划似乎应该叫停。然而，从另一个角度来说，若社会和个人不掌握数据而单凭一时兴起制定毫无准确性可言的城市政策反而会使人们失去自由。在城市中，谁、何时、因何事困扰，回答这些问题体现了数据驱动型城市规划存在的必要性。

数据驱动型规划的实例

究竟何为数据驱动型规划现在还无法明确。过去的城市交通规划也是以居民出行调查数据为基础制定的，所以也可将其看作是数据驱动型规划。问题的关键在于是否根据定量数据对城市规划进行讨论。若你生活在 30 万人以上的城市，则可以调查上一次居民出行调查实施的时间。若其结果是 15 年前甚至更早，则需要重视这一问题了。在老龄化严重的街区持续改变公交车路线网、为建设方便步行生活的城市重新分配道路空间、改善城市交通。在此，如果制定的规划和政策不以综合、可靠的数据为依托，则需要引起注意了。

图 5-10 所示为神户鲤川路进行的智能规划事例。神户市在市中心大改造计划中实践了数据驱动型规划，其中利用 Probe Person 调查收集人们的出行点数据与 Wi-Fi 数据，而 Probe Person 调查以 GPS 和网页日志作为数据支撑。图 5-10 为对鲤川路扩大步行道空间后以及将道路空间变为步行街后受访者的经过次数、在市中心停留时间、在市中心步行距离、到入口的步行距离、每处停留时间的变化进行模拟实验后得出的数值。将道路空间变为步行者专用空间（步行街）或将有助于创造城市繁荣。当地商店工会、神户市、交通公署、警察等各界人士现在正根据此类数据讨论城市规划。

	现状再现	步道拓宽	将道路空间做成绿荫步道
经过的次数/次	2.21	2.10（-5.0%）	2.11（-4.5%）
在市中心停留时间/min	267.8	279.4（+4.3%）	271.6（+1.4%）
在市中心步行距离/m	432.6	441.7（+2.1%）	540.5（+24.9%）
到入口大门的最远距离/m	200.5	189.5（-5.5%）	225.0（+12.2%）
平均每处停留时间/min	124.2	130.4（+5.0%）	125.5（+1.0%）

图 5-10 神户市道路空间再分配 KPI 考核事例

城市的未来

城市是人类最伟大的发明。正如将事业开拓到东京的企业所说，B2B（Business-to-Business）的变革只有在东京才能实现，可见东京集聚经济的力量之强大。另外，路易斯·沃思（Louis Wirth）曾在"作为一种生活方式的城市性"[6]中提出，所谓城市是需要用城市规划对人口数量、人口密度和人口异质性进行控制的地方，而这些城市性问题直到 21 世纪尚未得到解决。能源、移民、难民、交通拥堵问题未见改善，甚至更加严峻。此外，所谓富有创造性的千禧年世代可能会活到 100 岁，而他们或将选择高流动性的生活方式。现在已经从城市选择人的时代逐步转变为人选择城市的时代。城市规模变得更大且更具效率，然而在这里的生活并非全部来源于切身感受得来的生活理念。人是社会性的动物，生活在城市中需要自身的感觉、人与人之间的心理刺激。那么，我们的城市建设应该设立怎样的目标？

图 5 - 11 所示为爱媛县松山市在建的城市设计中心（UDCM）与大家的广场。在离市中心商店街不远、满是停车场的街区里铺上草坪，建设了大家的广场。掀开柏油路发现了过去的水井，检查过水质后在此建设了喷泉和假山，这样一来孩子们自然聚集在了水边。对面卷帘门紧闭的店铺便是城市设计中心。在此开设了设计学校，人们在里面对利用山茶花和蓝染碎白点花布等松山特有资源的城市建设进行讨论、实践。

图 5 - 11　大家的广场（松山市：左侧照片）、高线公园（纽约：右侧照片）

在被各种功能淹没的城市中创造一片空地，并在实现高品质空间设计的过程中对停车场、道路、高架桥等城市资本的重新解读备受关注。

纽约高线公园在约舒亚·大卫（Joshua David）和罗伯特·哈蒙德（Robert Hammond）二人的呼吁下建成。在二人的倡导下市民共同打扫这段即将被拆迁的高架公路，将其重建为花草可随意生长的慵懒空间（图 5 - 11 右侧照片）。我们能否在城市中拥有这样的空间呢？人们渴望着基于数据与行为的以人为中心的城市规划。

跨越城市的界限

数据本身并非是改善发展城市的必要因素。其重点在于需要数据来支撑制定城市规划的人。一个城市要解决的问题多如牛毛。20 世纪希望把车子开进城市。到了 21 世纪，面对自动驾驶时代的到来，需要全新的城市形态。若"社会 5.0"真实存在，则会是怎样的呢？把地区、公共、市场、个人全部作为主体可以描绘出它的样子。然而任何社会都存在弱点。我们必须在彼此的社会中促进参与与合作、准入与共识。不论是同质性过高的社会，还是杂乱无章的社会都是索然无味的。我们需要一个柔性的界限才能在保障自身安全的情况下进行人类与城市的创造活动。而数据驱动型规划只是促进该柔性界限之间对话的一种手段。若失去对话的手段，城市中的界限势必会固若金汤无可跨越。我们必须避开这类问题（图 5-12）。

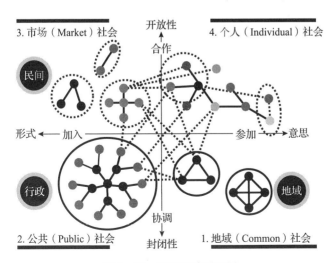

图 5-12　数据驱动型规划

注释:

[1] 此处将首都圈范围确定为首都圈建设计划中已包含的城市街区以及近郊建设区域所涵盖的自治体。"都心"为已是城市街区包括东京 23 区、川崎市及横滨市的海湾区域,近郊建设地带所包含的自治体为"郊外"。在平成 27 年人口普查就业地就学地统计中,选择了就业地就学地的 15 岁以上就业者数量进行统计。

[2] Aguilera A., Wenglenski S., Proulhac, L., "Employment suburbanisation, reverse commuting and travel behaviour by residents of the central city in the Paris metropolitan area" Transportation Research Part A-Policy and Practice, Vol. 43, No. 7 (2009): p. 685 -691.

[3] 如《纽约时报》曾报道 2000—2005 年,纽约的逆通勤增加了 12%。2008 年 2 月 24 日刊,https://www.nytimes.com/2008/02/24/nyregion/nyregionspecial2/24Rreverse.html.

[4] 环境基础设施指,人类所生活的环境中随处可见的已实现全球联网的传感器及机器人等设备,居住环境如一个机器人时刻识别人类环境及活动并辅助人类生活的基础设施。

[5] World Health Organization (WHO) "Summary: World Report on Ageing and Health" (2015).
http://apps.who.int/iris/bitstream/handle/10665/186468/WHO_FWC_ALC_15.01_eng.pdf.

[6] Wirth, Louis. "Urbanism as a Way of Life" American Journal of Sociology, 44.1 (1938): p. 1 -24.

第 6 章

从货币价值社会到非货币价值社会

01
数据驱动型社会与非货币价值社会

本书前几章梳理了"社会5.0"的概念和相关术语,并对基于该概念的技术研发思路及其方向性进行了讨论。主要从工学的观点对"社会5.0"做了讨论。针对数据驱动型社会的未来以及"社会5.0"概念所导向的社会,应如何解释,如何理解,本章将从经济学和人文科学的角度,就其可能性与问题进行多角度讨论。

如前文所述,日本政府在2016年发表的"第5期科学技术基本规划"中阐述了提倡"社会5.0"的背景与主旨,但是以日本为代表的发达国家,同时还与科技和经济的关系面临着重大转机有着密不可分的关系。将现在的情况与10年前的情况对比便可以一目了然。10年前智能手机、共享汽车和区块链概念都还没有得到普及。这10年还是美国的苹果、亚马逊、谷歌、脸书等公司代表当今世界的大企业快速成长为超大企业的 10 年。

甚至中国也在瞬间普及了无现金化，同时阿里巴巴、百度等大企业发展壮大。在中国的大城市，自动贩卖机早已不在话下，连出租车、小摊都使用移动支付，已完全形成了无现金社会。很多中国人甚至一年以上未使用过现金。在无现金社会中，物品交易全部在网络空间内展开，每个人过去所有的交易记录都储存在大数据中。

在亚马逊购买过书籍后便会出现"根据顾客的购买记录或者浏览过的商品为您推荐以下商品"，源源不断的信息为你推荐可能想读的书。同样，这也是 AI 通过分析购书记录大数据，在网络空间主动对顾客兜售商品的行为。在数据驱动型社会中，AI 将分析大数据的结果影响人们的心理并诱导人们进一步消费。在有关行为经济学理论的商业活动下有人在几个月内买了几十本书也都不足为奇。顾客消费记录滚雪球般剧增，恐怕未来会发展成大企业利用垄断式数据获得巨额利润的数据驱动型社会。在中国可能以 10 亿消费者的市场规模蔓延开来。掌握庞大大数据的企业将成为胜者。

那么，德国和日本等小国家的企业应该追赶还是对抗这个大潮流？这里或许可以通过研发 App 以及智能手机等的关键技术来寻找活路。如今数据的运用快速发展，靠商品制造技术就能取胜的时代早已过去。制造技术本身的价值相对变弱，取而代之的是数据的价值日益凸显。

在此背景下提出的"社会5.0"代表着科技发展的方向与新型社会形象。其动机应该与全球性的数据驱动型社会的发展不无关系。

另外，随着资本主义的发展全球范围内贫富差距与地区差距不断扩大，人们对格差社会进一步严重的危机感和闭塞感日益加深。对此，"社会5.0"旨在"通过高度融合网络空间与物理空间，消除地域、年龄、性别、语言等造成的差距，提供完善的物品及服务来应对多样化的潜在需求，以此实现发展经济与解决社会问题的双赢"。从主观愿望出发，科技变革是指示另一种资本主义大方向的概念。与现在格差不断扩大的资本主义大方向正好相反，它把地域间的格差转化为地域魅力，具有能够包容人们喜好的多样性。

"社会5.0"追求的大变革是对地域和个人多样性的包容，是转变为有别于经济一边倒的以人为中心的价值观。经济是以货币价值衡量的，但以人为中心的价值观即生活质量（QoL）绝非单纯的货币价值可以衡量的。如何定位非货币的价值是探讨"社会5.0"时不可或缺的论点之一。

但是还有另一种观点。在数据驱动型社会中，人们常用的互联网搜索为每位用户提供有价值的信息而用户无须直接支付等价费用，可以说这是非货币价值社会的典型服务。通过不换算成货币价值的服务的互联网搜索来收集信息，只要用户愿意，随时都可以转变成商业增加利润。

本章首先在第2节中讨论"社会5.0"中数据平台的可能

性，第 3 节将重新认识在储存个人购物记录的数据驱动型社会中现金的作用。随后第 4 节将讨论共享经济时代追求富裕的意义，在第 5 节通过"Human Co-becoming"的概念探讨数据驱动型社会中个人的独立思考。

今后货币价值与非货币价值将怎样竞争或怎样共存的问题将是探讨数据驱动型社会未来面貌时的重要论点。希望本章能够引起相应的思考。

02

"社会5.0"中的数据平台

"社会5.0"是继狩猎社会、农耕社会、工业社会、信息社会之后,科学技术创新引领社会变革所诞生的新型社会概念。每一次的社会变革都归功于从根本上对过去社会构造进行变革的核心技术(General Purpose Technology)[1]的研发与普及。旧的社会经济系统在过渡到新系统的过程中,随之变化的不单单是生活、劳动方式,还有价值观以及对事物的认知也要逐步适应新系统。

回顾历史,当农耕技术发明后猎人们开始固守土地,饲养家畜,种植谷物。农耕社会以村落为单位,形成了扎根于土地的社会经济系统。与此同时,农耕社会还产生了支配、从属关系的阶级制度。发生于17世纪初的工业革命,蒸汽机的发明使生产力得到质的提高,促使农耕社会过渡到工业社会。人们逐渐从农村涌向有工作的地区,城市因此拥有了大量劳动力。

第 6 章　从货币价值社会到非货币价值社会

同时曾经的士农工商阶级意识逐渐被淡化。

现在我们身处的信息社会很大程度上依赖于计算机、移动终端、卫星等通信技术。随着报纸、电视等媒体的广泛普及，地区之间的信息差距大幅度缩小，同时人、物、钱的流动变多。虽然越来越多的地区社区解体，城市里的人们在公司和住处有更多机会接触到陌生人，但是地区之间的差距依然不可小视。20世纪90年代以来在结构改革、限制放宽的大潮下私营化不断推进。在此环境下如何维持非营利的公益事业成为一大问题。

在"社会5.0"中，可以对电力、交通等基础设施以及包括人类行为在内的整个社会系统进行实时测量、分析并实施最优化控制的核心技术将要登场。通过 AI 技术解析互联网传感器与数字技术（ISDT）收集到的非结构化大数据，将实现网络空间与物理空间（现实世界）高度融合的信息物理系统（CPS）。本书将从经济学的角度探讨尚未现身的"社会5.0"。

"解构化"的变革

"预言很难，尤其是预言未来。"越是谨慎的经济学家，越少谈及对未来的预测。然而英国经济学家约翰·梅纳德·凯恩斯（John Maynard Keynes）在1930年大胆预言了100年后的未来[2]。凯恩斯在其文章中提出，按照当时的工业发展速度，到2030年人们的生活水平将提高8倍，每周只需工作15

小时就能满足生活需求。有史以来困扰人类、使人们为之展开争夺的衣食住等经济问题得以解决,相反,"我们会回到食欲是恶习的原则……爱钱令人厌恶的原则上去"。

凯恩斯的文章发表距今已过去了近 90 年。人均国民生产总值以比凯恩斯的预想还要快 10 倍以上的速度增长,然而劳动分配率的增加、不稳定雇佣以及经济差距、贫穷问题甚至比过去更加严重。虽然凯恩斯预言的"经济上非常幸福的状态"并未到来,但是跟黑白电视机、洗衣机、电冰箱并称三大神器的 20 世纪 50 年代相比,能够切实感受到人们需求的变化。比起"物品消费",追求"精神消费"的人越来越多,对"体验"的要求也不断提高。汽车、住宿领域的共享经济、虚拟现实(VR)与增强现实(AR)需求的增加正反映了这类需求。

社会变革一直被人们理解为技术创新,但是反观过去引起行为改变的变革事例大多都有促进"解构化"的作用。例如共享经济便是持有与使用分离的形态。再者,手机便是把沟通地点从特定场所(安装固话的地方)解绑了。此外磁带录像机(VTR)使看电视的时间自由化,大型网络公开课(Massive Open Online Course,MOOC)把教育与教室剥离了。

解构的影响并不局限于上述的消费领域(需求侧)。供给侧过去为节约生产成本不得不在海外设厂。然而随着 3D 打印技术等软体化(advanced manufacturing)的发展,现在不必过分考虑生产成本而可以选择最优的制造研发场地。解构化还在逐步影响我们的工作方式。随着类似的从业方式的扩大，不光是劳动者的概念扩大了（如雇用型远程工作的普及等），就连过去的劳动者概念无法囊括的个体劳动者也扩大了。劳动者处在非一对一的时间、地点环境中提供劳务服务，因此需要有柔性的组织以及支撑它的制度。

解构化背景中的经济学特征

要想理解解构化对社会经济系统的影响，首先需要知道数字化服务的经济学特性。以下将从三个角度进行说明。第一是费用构成。构建数字服务提供平台涉及接入用户接口等工作。这部分固定费用极其庞大，然而复制服务所需的额外成本（边际费用）几乎为零。

第二是产业结构。过去是负担固定费用的主体在提供服务，其服务必然是具有规模经济性的。但是数字化平台出现后平台上需求和供给无缝衔接，曾经是一体（操作）的各种服务从时间、空间和组织中分离（解构）开来。换言之，提供平台的主体和提供服务的主体是相互独立的[3]。从费用构成的观点可知，提供服务的市场免去了固定费用且边际费用几乎为零，因此可以进行少量多样化生产，提供个性化服务。与此同时，提供平台的一方通过平台承载多种多样的服务发挥规模经济性与范围经济性，以此收回固定费用。

第三是需求结构。访问平台的消费者越多，就会有更多企业提供丰富多样的服务。这种网络效应（需求侧规模经济性）在自由的市场竞争中容易产生胜者垄断现象。垄断平台为提供服务的企业提供经济活动的舞台，将形成一个整体的经济圈（生态系统）。

呈现出"开放的共同体"的平台

在工业社会向信息社会过渡的过程中人口流动增加，特别是以城市为中心陌生人之间的社会、经济往来不断增多。在一个共同体中，人们在过去漫长历史时期内建立起了同乡之间诸如"赊账""物物交换"[4]等长期交易关系。然而随着陌生人之间的交易增多，因其间并没有共同体内部支配从属关系，难以建立长期信任关系。此时货币结算的优势便显现出来。随着参与和退出相对自由的市场交易比重的增加，货币广泛流通是具有一定合理性的。

用货币单位来表示的价格是市场给参与者传达的重要信息。市场机制（例如上帝的无形之手），指的是商品价格在匹配中起到的作用。但是单靠价格无法高效地完成交易。众所周知，若单从价格判断外表难以分辨品质高低的商品犹如劣币驱逐良币，则有可能出现高质量的商品被挤出市场的现象[5]。为此，市场交易之外还需要有某种机制来证明商品质量。例如，由指定机构负责对商品质量进行认定，为优质商品担保。此类机制在市场中创造了一个近似于共同体交易的机构。若有人在共同体中提供低质量的商品会受到相应的处罚以此来保持品质的稳定。

在"社会5.0"中，常规的市场功能将被高度化，市场的失误可能会得以改善。能够高度解析大数据的AI技术诞生后，数字平台将出现很多价格以外的信息来支撑经济交易。例如叫车软件优步便实现了驾驶员与乘客双向评价。"社会5.0"中的数字平台可以说是完美的市场交易场所，它既是没有地域限制可以自由进退的市场，又像共同体有价格之外的信息。数字平台是一个"开放的共同体"，它让原本互相矛盾的两种形态共存，有望为人们提供匹配的机制。

数字平台的有效性与问题点

"社会5.0"的经济交易离不开数字平台在其中发挥作为"开放的共同体"的市场功能。该平台不光显示商品的货币价值，同时还显示有非货币价值的信息以促成经济交易。消费者根据这些信息做出称心的选择，经营者根据消费者的交易数据发挥各自聪明才智展开竞争。

市场上最重要的并非是事后，而是事前的公正性。在竞争中失败的乙方会退出市场。而有人主张事后的公正性可以大幅减少失败者。然而赛场上所有人皆是冠军的市场体制，无法激励市场提高效率，或提高商品品质。其结果将不利于消费者，这一点请铭记于心。同时还请留意以下两点。[6]

第一,必须在基础设施等生活必需的公共领域重建共同体的"内部补助"体制,这里将以基础建设的民营化作为例子。如今,为调动民间智慧展开的结构改革和政策放宽过程中,将下水道、公路等基础设施建设交给民营企业。以前靠优质基础设施来补贴亏损基础设施赤字,通过这种内部补助可以维持整体基础设施的正常运转。然而随着优良的基础设施被民营化割去,亏损基础设施难以为继。市场化不断深入的结果是对收支的要求会更加严格,亏损的部门必然会被舍弃。在此需要把基础设施划分为注重盈利的领域和注重公益性的领域。

第二,如何应对数字平台的"信息不对称性"。在奥地利出生的经济学家弗里德里希·海耶克(Friedrich Hayek)认为市场是提供场地信息的地方。市场参与者通过市场确定的价格将私人信息变为公共信息与其他参与者共享,由此市场能发挥其保持供需平衡的公益性作用,使公共信息得以积累,增进民主化。

与此相对,平台运营者的营利性质导致了数字平台有别于海耶克所说的市场。平台参与者的技术诀窍只在平台运营者层面共享,参与其中的企业团体无权介入。因此,在平台运营者和参与平台的企业之间就会产生巨大的信息不对称。若平台掌握了技术信息,企业将会失去技术优势,其提供的服务便会过时被淘汰。平台运营商提高收集技术信息的效率可以保证收益持续提高,但是平台中的经营者由于经营过时难以维持高收益,二者之间收益差距便会不断扩大。数字化空间平台中差距扩大的速度甚至还要更快。

若相关企业能在经营过时之前选择其他平台运营商，那可能还有救。然而如前文所述，在网络效应如此强大的背景下容易产生胜者垄断，陷入除幸存平台运营商之外无人可选的境地。

有利于消费者的"社会5.0"

未来学家阿尔文·托夫勒（Alvin Toffler）在《未来的冲击》一书中提出，在社会剧变下"我们"往往难以摆脱过去的认知而单一思考问题。[7]特别是在近来强调"证据"的重要性的环境下[8]，这种倾向更为明显。

本书对"社会5.0"时代的数字平台的合理性（开放的共同体）以及问题点（瓶颈与信息不对称性）做了论述，然而本书可能依旧无法跳出托夫勒所批判的范围。

为最大限度地解决数字平台存在的问题，必须防止构成"社会5.0"的核心技术及其母体科技被随意商用。在意识到核心技术容易遭到垄断的问题后，便需要一定的社会制度将垄断行为防患于未然。在此可以参考2018年欧洲委员会提出的指导方针[9]。其中提出了确保平台运营商与相关企业贸易上的平等理念。正因容易遇到瓶颈才更需要平台保持透明化与中立性，这是保证平台交易公平的前提。只有其公益性得到保障，平台才能正常发挥其市场功能，消费者作为"机会开拓者"（增田，1989）[10]也就是创业者大显身手的所谓"社会5.0"便真正得以形成。

03

数据驱动型社会中现金的使命

两种无现金化

现金是支撑人们经济活动的最重要的基础设施。随着信息通信技术和物联网的发展，现金也在不断发生变化。这种变化有两个方面。

第一，纸质现金的数字化。脱离纸质现金的交易增加通常被称为"无现金化"，例如信用卡和借记卡的普及便属于无现金化。然而纸币可以被数字化现金——"数字货币"所置换。

负责发行纸币的日本银行清楚市场中流通的纸币编号。但是相应编号的纸币在谁手中，用于购买何种物品便不得而知。由此看来纸币有很高的匿名性，这是纸币的一大特性，同时也是纸币技术的局限性。与此相对，数字货币至少从理论上可以追踪到持有人和使用地点。

数据作为数据驱动型社会的"燃料"今后有望继续增长。但是对匿名性的破坏必须加以重视。普及数字货币的关键就在于人们对匿名性破坏的接受程度。私人信息是数据驱动型社会的制度设计中最重要的问题，欧洲近来围绕数据可携权展开的讨论中明确提出私人购物记录相关数据的所有权归属的问题。这就是数字货币匿名性问题的典型问题。

第二，脱离现金的经济活动急剧增加。脱离现金指既不用纸质现金也不用数字货币。提供物品的企业的利润来源于金钱。金钱是经济的血液。

然而并非所有经济活动都无法脱离金钱。例如，家庭成员无须为做好的饭菜付钱。而且过去在农村将富余的农作物分给邻居，无偿帮助别人干农活等时常发生。在比家庭更大的范畴内参与者被一种无关金钱的形式联系在一起。

若在经济交易中把通过金钱等价支付的经济称为"货币经济"，那么没有金钱交易的经济活动即为"非货币经济"。纵观历史，过去非货币经济为主流，但工业革命后货币经济迅速增加。也因此当下判断一国的经济活动的活跃程度时通常只关注它的货币经济体量，非货币经济直接被无视。例如计算国内生产总值（GDP）时非货币经济仅占其中一小部分。其背后默认了非货币经济今后将进一步缩小的趋势。

然而近年来上述情况发生了很大改变。技术创新带动了非货币经济迅速扩大。非货币经济扩大这个意义上的无现金化正在迅速发展。以维基百科为例，过去的家庭一般配备付费的

《大英百科全书》，且其价格并不便宜。不论大人还是儿童都习惯从百科全书中寻找答案。然而现在人们可以利用搜索简单，内容更新快，十分便捷的维基百科，而且无须花费任何费用。翻阅百科全书的人数骤减。

付钱购买百科全书是货币经济中的经济活动，使用免费的维基百科则是非货币经济中的经济活动。这意味着过去货币经济领域的经济活动转移到了非货币经济领域中。

图6-1显示了全世界照片拍摄量的变化趋势。2000年前后呈缓慢增长态势，但是近几年突然出现爆发式增长。其原因是照片的经济意义发生了巨大改变。过去的照片需要胶片拍摄并冲洗印刷。胶卷生产商、冲洗、印刷照片的商家有偿提供商品和服务。然而现在手机可以拍照，照片无须冲洗印刷而可直接存放在社交网络。相机厂家失去了市场，柯达等曾经的优质企业被迫破产。由此可以简单总结为货币经济是由传统（未能及时跟上技术创新大潮）企业构成的经济，非货币经济是由在技术创新背景下迅速成长起来的企业构成的。

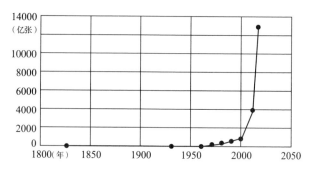

图6-1 全世界拍摄的照片数量

非货币经济的扩大意味着什么？在货币经济中价格发挥着导向作用，以此实现生产的理想状态，提供人们喜欢的、数量恰好满足需求的商品与服务。这便是所谓的价格机制。例如某商品人气高、需求大，其价格自然会有所上升。厂家扩大高价商品的产量就能增加利润，于是该商品的生产就会增加。由此更多的消费者能享受到该商品，扩大了消费。

与此相对，非货币经济中由于不存在价格，所以厂家很难把握市场需求，导致某些需求旺盛的商品供不应求，或产量过剩。而且货币经济中可以通过金额了解经济活动规模，GDP等经济指标发挥了重要作用。而非货币经济无须金额来显示经济活动，则必须有新的判断经济活动活跃度的指标。综上，保证非货币经济顺利运转需要引进新制度。

以下将对两种无现金化的背景进行说明，并思考其内涵。

数字货币带来的社会可能性

纸币切换为数字货币可节约处理现金的成本，从而提高日本的经济竞争力。当今银行与市场流通现金的关系最为密切。银行每年投入约2兆日元（据瑞穗银行推算）到现金管理和ATM维护运营当中。不仅如此，零售业和餐饮业每年在现金的使用上要花费6兆日元（同样据瑞穗银行推算），共计8兆日元。换言之，每年花费在现金使用上的费用相当于4%的消费税，而这部分费用挤压了银行、零售等行业的收益。若能提高这部分经济资源的利用率，那么日本经济竞争力应更强。

匿名性与私人信息的使用

为实现数字化需要怎样的体制？数字货币可分为民间发行的分散管理型与中央银行等官方发行的中央集权管理型。前者的代表为比特币，此外还有多种货币未来发展前景广阔。然而比特币等数字货币更多是一种投机对象，而非结算手段。未来比特币取代现金的可能性很低。而笔者们提议由央行等官方部门以其较高的公信力为后盾发行数字货币，确保该货币与日元的1:1交换。其高公信力可以使它比分散型数字货币更实惠。

央行发行的数字货币中最广为人知的为瑞典央行发行的"电子克朗（e-krona）"。人们在央行开户，并通过账户间的资金转移进行结算。电子克朗既可以用于商店付款，也可以用于转账和吃饭AA制。纸币和电子克朗皆为央行的债务，都是通过转移来结算的。

但是在央行开账户有三大问题。第一，匿名性问题。使用纸质的银行券银行无法得知其用途。若通过央行账户转移资金，那么所有资金去向便完全对央行公开。部分人担心这部分信息将被滥用，而很多人依然希望自己的交易信息是私密的。数字货币的匿名性得不到担保就难以推广。

第二，与民间银行的结算性存款的竞争。目前结算性存款与纸币在使用上有所合理区分,然而未来可能这个体制会崩溃。

第三,直接开户很可能会阻碍民间企业进行技术创新。央行直接开户将导致技术受到央行的限制。民企与其他银行即使想到更先进的技术也不能保证央行一定会采用。由此将导致数字货币的技术创新停滞不前。纸币从生产到流通皆受政府与日银的控制,民间新技术渗透的余地极为有限。数字货币的技术发展空间相对较大,我们不应在其身上设置障碍。

用户在民间银行开户,通过账户之间转账进行结算可以取代直接开户。在不会挤压民间银行的结算业务的同时,无法让央行掌握交易明细,在一定程度上保障了匿名性。然而民间银行仍可以掌握结算明细,所以匿名性的程度只能达到现在的结算性存款的程度。该体制与以瑞穗银行为中心发行的"J币",以及三菱UFJ银行的"MUFG币"有很多共同点。它们都确保了与日元保持1:1的价格。

若要保证数字货币具有与现金同等的公信力,就必须对民间银行如何使用数字货币账户吸纳的资金做出明确规定。举个最容易理解的例子就是狭义银行,规定资金必须全部存入央行。此外还有其他多种形式,但关键是必须让人们信任提供数字货币的银行,因此央行、政府(管控银行当局)都要在其中发挥一定的作用。数字货币是在包括政府、央行、民间银行在内的官民伙伴关系的基础上的产物,相互合作是必不可少的。

"零价格"经济的出现

不管是纸币还是电子货币，我们现在只谈非现金交易在增加这个意义上的无现金化。SNS 和搜索引擎等信息通信技术为人们提供的服务都有一个很重要的特点就是"零价格"。像 Twitter、脸书以及维基百科、谷歌搜索这些都是免费的。这对每位用户来讲当然是求之不得的，但是对经济学家来说就有点麻烦。

GDP 是衡量经济活动的一大知名指标，但是它的计算对象只有付费交易。免费交易体现不出来所以被排除掉了。例如一方面维基百科的普及导致《大英百科全书》卖不出去，因此《大英百科全书》对 GDP 的贡献就会降低。而另一方面由于维基百科是免费的，对 GDP 也没有贡献。这就造成 GDP 下降。近年来 GDP 的停滞可能也存在这方面原因。

这时可能有人会问，以谷歌公司为首的数字服务企业赚得钵满盆满，专家们是不是有什么误解呢？确实"谷歌们"的销售额相当高，其收入来源于广告。将用户的搜索记录用于销售也能得到不菲的利润。也就是说，用户免费使用搜索服务，但是需要被迫观看广告来支付等价费用。搜索服务和观看广告相当于易货交易，既然是易货就不存在金钱往来。

易货交易是由两个等额的货币交易组成的。这么看来，"零价格"交易可换算为以货币交易。根据这一设想，现在正在尝试为技术创新中产生的各类服务标价，进而推算 GDP 有多大变化。这种推算误差肯定难免，不过从目前公布的多个推算结果来看，GDP 的上升幅度很小。

其中一个原因可能是实际上易货交易并不成立。确实，用户通过观看广告支付服务费，问题是这些报酬和谷歌搜索服务提供的效用也许并不对等。根据谷歌公司首席经济学家范里安的计算，谷歌公司的服务创造的价值高达 1500 亿美元，远远超过 360 亿美元的广告收入。也就是说谷歌公司在以大幅的折价出售价值，而其本来能够获利更多。这肯定不是谷歌公司有意为之，应该是由于某些原因，使谷歌公司的定价无法完全匹配消费者的好评。

"零价格"经济中的新问题

关于"零价格"经济中的新问题，前文阐述了如何打造价格机制的代替品，除此之外还有诸多问题。第一就是"生产"（GDP 等）与"效用"（人们的满意度）背离的问题。在货币经济中效用与生产几乎是同步的，然而技术创新打破了其间的同步关系，所以已经无法把 GDP 用作效用的代替品，为此需要研发直接计算效用的新方法。

有专家提出将支付意愿（WTP）或受偿意愿（WTA）作为直接计算效用的新方法。通过问卷调查了解人们愿意为无偿使用的商品付的费用（WTP），或者若要求人们放弃使用某商品时希望得到多少补偿金（WTA）。

东京大学渡边研究室面向 LINE 用户展开了问卷调查，其 WTP、WTA 的计算结果表明在其他人正常使用 LINE 的情况下，若要某人放弃使用 LINE，每年大概要补偿 407 万日元（平均值）。换言之，LINE 提供的服务对于一个典型用户来说价值 400 万日元。虽然价格评定因人而异，但即使排除 WTP 和 WTA 过分夸大的受访者，金额也无过多变化。LINE 用户数量约 7000 万人，每人 400 万日元，那么其总数便是一个庞大的数字。LINE 为社会提供的效用如此之大，实际收入却是天差地别。

WTP 和 WTA 是计算效用的一种有效方法，然而其前提是进行大规模问卷调查，用来把握非货币经济的全貌并不现实。因此，需要研发能够高频率计算非货币经济下经济活动活跃度的技术。日立集团一直在研发用可穿戴传感器来测量人们幸福感的技术，这种尝试就很有必要。

04

从私有到共享——后资本主义的富裕

构思理想中的社会

人生中最重要的事务，度过怎样的人生等都是因人而异的。什么是幸福，什么是富裕都取决于个人。每个人都生活在某个时代的某个社会中，而在这个环境中幸福和富裕才有意义。

生活方式使一个人与他所在的社会产生联系。不论是随波逐流、对抗社会还是漠不关心，每个人的生活方式都依存于当时的社会状态。

"社会5.0"本是平成28年政府在"第5期科学技术基本规划"中提出的"应该到来的社会"的名称。它包含"继狩猎社会、农耕社会、工业社会、信息社会之后产生的新型社会，以科技变革引领这种新型社会变革的意思"[11]。

连具体的名称都没有，可见人们对其认识还停留在模糊的状态，而"社会5.0"成为一种标语。"基本规划"是有关科技政策的规划，自然要从如何利用AI、物联网、纳米技术、大数据这些新技术开始撰写。因此"社会5.0"的形象就是"网络空间与现实空间高度融合""实现超级智能社会"[12]等利用高科技从根本上推进生产和销售两方面的高效化。

对超级智能社会的描述为，"在必要时为有需要的人按照其需求提供必要的物和服务，对每种不同的需求做出精细的反应，人人都能享受高质量的服务，因年龄、性别、地区、语言造成的差距将会消失，人人都生活在宜居又充满活力的社会中"。但是其中未提及如何把技术的进步与生活的平等、幸福的社会相互联系起来。难道只要技术进步，社会自然而然就会到来？

历史上多次出现新技术催生出新型社会的先例。一方面，印刷术的发明对知识的普及和教育方式产生了决定性的影响。家电产品的诞生促使更多的人（特别是女性）进入社会。而另一方面，同样的技术因其用途不同，发展方向完全不同。电视和报纸等媒体在民主主义社会中是为了让人们自由地表达，而在集体主义社会中则成了政治宣传与支配的工具。

"社会5.0"在构想新型社会时，必须首先想好这个理想中的社会应有的形态。并且要提前理解那个社会中可能产生的价值观改变，否则就无法让社会按照正确的方向发展，社会就会混乱，给生活在其中的人带来痛苦。

以下将从与资本主义或与货币价值的关系来思考上述问题。在决定当今社会的条件中，资本主义的影响是最为深刻的。"社会 5.0"是资本主义的延伸，还是完全不同于资本主义的社会？在此需要从价值和富裕的角度来对其进行探讨。

什么是富裕

资本主义中最基本的价值就是货币价值。由此可以认为资本主义给很多社会带来了富裕。

以日本为例，从高度成长期到 20 世纪 80 年代人们的收入增加，而阶层差距得以缩小，从而出现了所谓"人人中产"的社会。虽然近年一国乃至全世界都因资本主义导致格差扩大，近年来贫穷成为一大社会问题。但是不可否认社会整体维持在了一个相对富裕的水平。更重要的是，富裕的意义在全社会得到了公认，无论是社会层面还是个人层面都重视获取财富。

那么"富裕"到底是什么？资本主义认为富裕是以国家为单位计算的 GDP 值。具体为市场上交易的所有商品与服务附加价值的总和。GDP 的增加意味着经济发展，社会更加富裕。因此收入越高就越富裕。

上述"富裕"都是通过货币的价值体现的。国家或者个人为了追求富裕便会努力提高 GDP 或收入的数值。结果促使资本主义不断发展。

但是是否如赛德拉切克所提出的问题一样,没有发展就没有资本主义呢?[13]即便经济不发展,收入不提高,难道就没有办法致富了吗?

在此一般人们会联想到克制欲望,有节制、节约的生活,过着清贫日子的生活画面。然而现在有很多无法用 GDP 或收入高低衡量的富裕。

从货币的价值来看,都道府县各自的生产总值以及工资水平足以说明该地区的贫穷或富裕程度。生产总值和工资水平较低的地区和农村通常被认为是贫穷的。

这些地区虽然平均收入低于城市,但是生活费(物价和房费)也相对较低,因此并不贫穷。文化设施和娱乐设施较少可能会枯燥乏味(所以年轻人纷纷离开),但是从另一个角度来看,慢节奏的生活、便宜又美味的食物、健康的生活不失为一种富裕。学校与补习班的匮乏固然是缺点,但是城市里也有因高昂的教育费用而苦恼的家庭。而有多少钱也无法换来在大自然中自由自在地健康成长。

在农村,人们需要承担一部分割草、祭祀等工作。城里人将其视为是志愿者(更多的是个人的职责)义务而感到麻烦,从而阻碍了城里人移居乡下。实际上履行这些义务换来的是地区更多的互助性支援。

在此并非是表达农村生活的富裕与城市生活的贫穷,而是说不能简单地通过 GDP 或者收入等数字便认定生活富裕与否。

数字无法衡量的富裕是什么?

货币性价值与非货币性价值

资本主义随着交易范围和规模的不断扩大而发展。市场上交易的东西都具有货币性价值，交易物越多 GDP 就越高。

市场上交易的东西即使是被需要的，但也不一定是人们喜欢的、让生活更富裕的东西。例如病患增多，相应的防病治病药物及其相关产品销量便会增加，GDP 也会随之增加。随意丢弃物品将导致同样的物品不断生产与消费，同时增加了处理废品并加以再利用再循环的工作，也对 GDP 有贡献。

然而这种方式所带来的 GDP 和收入的增加并不能使我们的生活更加富裕，相反拉低了生活质量。

货币性价值与生活的富裕程度即使有一部分是重合的，但实质上是偏离的。换言之有很多货币无法衡量的部分。

例如友情、爱情、善意、诚实、信任、平安、自信等精神方面的状态本质上处于市场之外，无法交易，也就无法换算为货币的价值。

话虽如此，它们也并非完全与货币无关。没有钱就没有幸福，金钱买得到爱，这些想法也不完全是错误的。衣食足而知礼节。

如果没有货币性价值或在市场上交换的价值就不会富裕，之所以这么说，是因为连非货币性价值所需的基本物品都买不到。爱情和友情本身是无法用货币衡量的，但这并不意味着人们不需要任何用货币买到的东西。

因此清贫的生活或者朴素的生活等极简的生活方式，除非本人怀有强烈信念或者物欲很低，通常这种生活与富裕不沾边。精神层面的非货币性价值本身并不是资本主义社会的内部构成要素，因此不管它对于个人的人生富裕程度有多么重要，都很难成为左右全社会的因素。

无交换价值的使用价值

前文提及幸福、爱和信任等精神层面事物本身无法参与市场交换，其价值无法通过货币体现出来。但仍有一些本来具有货币价值并且在市场上交易的（现在也有一部分在交易），现在却几乎失去了货币上的价值。

而且它们并不是无人需要的无价值的东西，相反是人们最无法离开的（交换价值为零但使用价值很高）。换言之很多人免费在用，并且还在世界上不断蔓延。

例如互联网（自身是付费的）提供邮件、公告板、SKYPE、LINE、脸书等信息通信技术（ICT）相关服务。上述服务几乎已成为当今社会的基础设施，人类生活已无法离开它们。虽然它本身不参与交换，但是支撑交换进行的基础，它接近市场的成立条件，这种没有交换价值却有使用价值的事物并非偶然和例外现象。瑞弗金将其视为后资本主义的共享型经济[14]。

瑞弗金认为资本主义的最终结局是陷入自我否定，进入"共享型经济"。在资本主义社会中，企业为利润需要通过技术创新和提高效率来增加产能，降低边际成本（平均生产每一单位产品的费用）。有了价格优势，便能够比其他企业更容易扩大市场份额。只要不出现垄断或者少数企业结成卡特尔的情况，企业之间围绕价格和品质展开竞争的状态将会不断持续下去，边际成本早晚会接近于零。到最后几乎免费，也就没有了利润。

这就是自由竞争下的资本主义发展的结果。并非所有事物的结果如此，不同商品发展速度也不同。如今出版业若完全转变为电子书，则将无须出版费用，有很多内容便可以实现免费阅读。此外 SKYPE 可以免费拨打视频电话。在教育方面，MOOC 等可以免费或以低价格，且在世界各地观看网络讲座。过去昂贵的软件现在很多都实现了免费下载。

若能够普及小规模可再生能源，那么能源边际成本也将接近于零。在 3D 打印方面，不久设计与制造用软件将会免费，便不再需要工厂的大型设备，在家或者利用小型设备便可以满足需求，甚至每个人可以自己制造需要的物品。

此外，通过物联网将各地有什么（建筑、交通工具、家电等装置和商品）连入网络，由此可以一目了然发现缺口，有效解决库存不足。共享空房信息供人入住的 Airbnb，共享汽车的 Uber，甚至服装及各种日用品的共享正在逐步实现。

上述服务中有些是付费的。今后是否将取消收费还未可知，但是瑞弗金认为今后共享型经济的领域将会不断扩大。这与资本主义并不矛盾，而可以理解为共享型经济依托于资本主义经济，与资本主义经济的发展是紧密相连的。在此过程中，交换经济领域不断缩小，GDP 降低，但这并不意味着富裕程度降低。那么在此过程中富裕的含义及其价值发生了变化。

作为新价值的共享文化

经济学中一般将价值分为交换价值与使用价值，但是前文所述的共享型经济中物的价值恐怕不只有使用价值。边际成本降为零不再参与市场交换，并不意味着无人需要或失去价值。反之其使用价值变得更高。不参与交换的原因并非失去价值，只因实现了共享而无须交换罢了。

在此就有应该被共享的价值和共享产生的价值。反之，基于市场交易的资本主义是以私有制为前提的，所有权转移被称为交换。一旦物品实现了共享，交换就失去了意义。所有的人都在用便是共享。以此为基础，被交换的物品进入市场经济拥有了货币价值。其共享价值是货币价值的前提条件。

在共享型经济中共享价值的领域会不断扩大。这就意味着若无法自有的物品实现了共享，虽然市场中的交易、GDP、收入会因此减少，但是人们却可能变得更加富裕。

当下的资本主义社会中富裕表示拥有更多的物。在共享型经济中，共享的数量将成为富裕的指标。即便个人不曾拥有大量的物,也无很多的金钱,也依然可以是富裕的。

而且这种富裕或许可以通过ICT或物联网实现数值化。支撑"社会5.0"的诸多技术都与共享价值和共享型经济有相通之处。

然而,共享的多是不是就一定会幸福?共享的多意味着需要关注多方位信息。在管理的过程中,便容易出现监视与支配带来的诸多问题。因此在建设"社会5.0"时,应该事先明确如何从技术层面应对这些潜在的危险和问题。

05

"社会5.0"与"Human Co-becoming"

"社会5.0"以什么样的社会为目标

"社会5.0"以什么样的社会为目标？据说是由物联网、大数据以及AI等凌驾于人类的技术所支撑的社会。既可以从乌托邦的角度，也可以从反乌托邦的角度谈论这样的社会。认为这样的社会是很大程度上将人从劳动中解放出来、使生活更便捷舒适的乌托邦，抑或是害怕这样的社会实际上是反乌托邦的，会让人被技术支配，无事可做而日日打发无聊。

无论是乌托邦还是反乌托邦，20世纪人类已经反复做过多次靠尖端技术支撑的未来社会的梦（或者说噩梦），若真如此简单也无任何讨论的必要。只有在享受高科技（并受其支配）的人类这一存在方式本身得到重新思考的情况下，"社会5.0"的想法才有意义。

现代的人与物的资本主义

若要重新思考人类的存在方式，便需要重新审视左右当代社会的资本主义与人的关系。半个多世纪前的 1966 年，米歇尔·福柯（Michel Foucault）便有以下论述。

> 从我们思考的考古学来看，人不过是新近的造物，而且恐怕已经临近消亡。
>
> 如果说人是从产生开始就逐渐消失的配置，那么即使我们会有相应的预感，依然会被某些形态与规则都不被我们所了解的东西——就像 18 世纪古典主义思想那样，被彻底推翻——到那时，人也会消亡，就像岸边沙滩上的一张脸。（米歇尔·福柯《词与物》渡边一民、佐佐木明译，新潮社，1974 年 409 页）

17 世纪到 18 世纪的古典主义时代结束，后现代登上了历史的舞台。"人"的概念支撑着 19 世纪的现代，而据说这个概念在 20 世纪迎来终结。

其论述的背后是资本主义的发展。亚当·斯密（Adam Smith）于 1776 年出版的《国富论》宣告了现代资本主义与人的概念的到来。古典主义时代中财富来源于交换，而近代的财富来源于生产，支撑生产的就是劳动者。在此可以称其为物的资本主义。这一模式通过人的劳动而生产"物"，达到财富的增长。

差异的消费与事项的资本主义

然而福柯认为这种范式在 20 世纪会逐渐改变。20 世纪、尤其是 20 世纪后半叶,发生了什么?资本主义的对象,由"事物"代替了"物质"。这意味着现象的资本主题的诞生。资本主义面向信息这一事项,进而生产出事件这一事项。在被欲求的信息的海洋中,在准备好的事物中,人类会开始消费"有差异的事物",同时也会作为"有差异的事物"被消耗。现代性的"主体"(恐怕从未实现过)最终解体,作为差异和关系的人或单纯作为运动的人登场了。

然而,真正有必要的,难道不是无法消费、无法还原到差异秩序之中的独特性吗?在福柯之后人们再一次陷入对人的思考。为此必须同时思考该如何设想将来的资本主义。由此便能一览"社会 5.0"所展望的将来社会的存在方式。

人的资本主义与"Human Becoming"

在此假定一个概念——人的资本主义。此概念所要探究的既不是劳动者,也不是消费者,还不是差异的连接点,而是人。资本主义会如何应对借助高科技而从劳动和消费中解放出来(或者说遭到抛弃)的人?资本主义应该重新自我调整,帮助人类创造价值,而非从人身上夺取价值。为此,就必须思考对人而言何为终极价值。

一言以蔽之："人"在发生变化。在现代经济学中，通常认为价值是人拥有的某种东西。然而这仅仅是把生产和消费的商品的价值转用在人身上罢了。在此必须把人的价值与所有物分开。

请各位再次想象"社会5.0"中技术高度发达的社会。在那里，人将什么东西作为价值来拥有？是自动驾驶汽车，还是熟练使用大数据提出最优化方案的智能AI，抑或是科技无法还原的富有创造性的艺术？在此"拥有"显得难免有些陈腐。

20世纪所描绘的未来社会所欠缺的是对人本质上是在变化的认知。用哲学的概念来说，不是基于西方关键概念中的存在（being）或者拥有（having），而是基于形成变化becoming对人的形象做出思考。这是从人的存在（"Human Being"）到成为人（"Human Becoming"）的过程[15]。资本主义capitalism中间的资本capital来源于拉丁语中的cap，即"头部的""与头部有关的""关乎生死的"。将来的资本主义要面对的是与人的头脑有关，或是关系到人类生死的重大事情。

能力与社会的机动性

那么，是何种重大事情？其答案极为简单，就是成为人（"Human Becoming"）。然而人们无法如其所是地成为人。人只有与他人有了联系才能够成为人。人不是分离的独立实体

（这个哲学概念跟存在和所有属于同一体系）。人只能和他人一起成为人（"Human Co-becoming"）。

道元曾在《学道用心集》（1234年）中提及"直下承当"（立即接受）的问题。认为佛道修行中有"参师闻法"和"功夫坐禅"两种，前者讲究内心的变化，后者则是身体上经历的变化，二者缺一不可。当你达到"直下承当"的境界时，就会为他人缩小自我，留出空间，即刻接受他人。这里的关键是他人。特别是"参师闻法"更是如此，就连一向被认为是自力象征的禅同样也需要引导自我的"师"[16]。

从当代的角度来思考这个问题。想象一下，一个连与别人的交流都没有的孤立的人，全天无休止地在家里看电视。显而易见这个人的能力（capability，阿马蒂亚·森的说法，指"在现实生活中人们能做到的事"[17]）并不丰富。

那么，如何令其能力丰富起来？例如，在没有水的地方放一台饮料自动贩卖机和教会人们打井，哪个更有利于提高地域的能力？同理，给孤立的人一张DVD让他看电视和教会他骑自行车，哪一种更有利于其能力的提高？

将来的社会应在提高人的能力以及运用大脑、内心和身体的新途径上投资。这意味着人们有机会改变自己一直以来的习性。若要在对"社会5.0"的讨论中增设新指标，则急需增加有关能力提升的指标。同时这离不开他人的参与。此外，若要得到他人的参与，就必须在孤独的灵魂吞噬自我之前做好接纳他人的准备。

人的能力只要进一步丰富，社会的机动性（流动性、移动性）也会相应提高。在富裕的社会中人的流动性较强，不易产生阶层固化和格差扩大。例如，日本曾在宽政改革中通过引进征聘制度提高了社会的机动性。对于理想社会来说，社会机动性相关指标和能力相关指标同样重要。不过，再重复一遍，重要的是充分考虑到，他人在多大程度上参与进来。

参与的知识

至此，知识在将来社会中的存在方式，或许稍微清晰一些了。

在现代，如现代大学所象征的那样，知识发生了第一次变身，知识得到体系化，并在民族国家内得到传播。其特征表现为对历史起源的探究和文献学上的比较研究。福柯通过以劳动为对象的经济学、以生命为对象的生物学、以语言为对象的文献学所分析的，便是这种形态的知识。

20世纪后，知识完成了第二次变身。由于资本主义的对象从物变成了事项，数字化信息的差异凸显成为新的问题。高校的形态也随之变化，理工科的信息处理手段逐渐成为默认方法。在此过程中，现代所谓"文科"式知识出现了退潮。

然而当代的知识形态又要迎来转折点。如开头所说，当靠凌驾于人类的技术支撑的"社会5.0"实现之时，当代的知识形态又会被从人类那里夺走。

如果那样的话，那么将来的知识形态就必须有益于"Human Co-becoming"。在知识的第三次变身时登上历史舞台的可能会是参与的知识（Engaged Knowledge）。

Thomas P. Kasulis 在日本哲学中看到了参与知识丰富的可能性，他对空海有如下论述。

空海的思想是对现实的认知，类似于怎样了解一个人。但不能把它与了解一个人（通过查看这个人的资料、跟人打听后的了解）混为一谈。真正意义上的了解一个人一定有某些可以共同分享的亲密性。了解一个人意味着走进他的内心世界，与他心心相印。于是这个人就成了你生命的一部分。你不再把他人作为你的对象，更多的是与他人的一种分享。

即使是在了解对象这件事上，间接形式的了解和参与形式的了解还是有区别的。例如，熟练的手艺人不止了解道具和材料，通过经年累月的使用已经相当熟悉。跟随技艺精湛的师傅打磨自身的技艺。经过这些程序木雕工匠才能充分了解不同木材和凿子的特点。通过亲身参与和体验加深了解，在和木材一起工作的过程中木材和凿子已经和工匠的双手与心灵融为一体，至此参与这一动作就形成了。

同样，空海离开大学走上探究知识之路，也是因为他希望以一种更亲近的方式参与其中，而不是在看客的角度上间接地了解。他希望自己像陶艺家熟悉土那样了解全部的现实，而不是像地质学家那样与真实泥土疏离。空海在从中国回国之前，亲身感受了这两种知识的不同,并通过显教与密教的对比加以说明。[Kasulis,Thomas P. Engaging Japanese Philosophy:A Short History(日本哲学简史),Honolulu:University of Hawaii Press,2018,p. 108-109]

空海追求的是了解一切。这是单凭与对象保持距离的知识(Detached Knowledge)无法实现的。他需要参与得到的了解,即灵魂深处互相分享的亲密了解。这也正是空海所理解的密教。

对今天的我们而言,重要的是如空海一般生活。为此,我们可以通过文献学系统了解空海的思想。抑或开发一台空海式AI机器人,让其来讲解适合当下的密教。但是这依旧是间接了解,我们依然是个看客。重要的是,与空海一同掌握"使他人成为你自己生命的一部分"一般的参与知识,这或许才是生死攸关的大事。

"Human Co-becoming"

为避免"社会5.0"中的理想社会发展为反乌托邦,本书重新定义了现代的人的概念,并着重论述了共同成为人的"Human Co-becoming"之路。然而这条路并不容易。因为人的变化是不定向的,人不一定会按照既定的方向去改变。

幸运的是,我们身边有诸多先例。此前介绍了道元和空海的事例,作为"Human Co-becoming"的正面典型,当然世界上还存在许多相似案例。道元和空海正因为经历了中国这一巨大的他者,其思想才能如此深刻。"Human Co-becoming"与人的能力和社会机动性的提高是联动的,它越过了不同语言和不同世界观的障碍,这一特质必定会使它越发丰富。

若远比 19 世纪和 20 世纪古老的知识能以全新的姿态来到我们的理想社会中,则实为可喜了。

注释:

[1] Bresnahan, Timothy F., and Trajtenberg, Manuel. "General purpose technologies-Engines of growth-?" Journal of econometrics 65.1 (1995): p.83-108.

[2] Keynes, John Maynard. "Economic possibilities for our grandchildren." Essays in persuasion. Palgrave Macmilan, London, 2010. p.321-332. 日文翻译版为《我们后代的经济前景(1930)》,凯恩斯著,山冈洋一译,收录于《凯恩斯论集》,日本经济新闻社,2010 年。

[3] 此想法在公共基础设施领域以"公设民营"及"上下分离"的形式得以实现。

[4] 例如,为熟人或家人无偿提供的"缘故大米"现在仍大量存在。

[5] 被称为"柠檬问题"(Akerlof, George A. "The market for 'lemons': Quality uncertainty and te market mechanism." Uncertainty in Economics. 1978. 235-251)。这里柠檬指品质极差的汽车。另外有不动产的案例(大桥弘《不动产流通业与产业组织:面向今后的研究笔记》第一部"既有住宅市场的活化"一般财团法人土地综合研究所编,东洋经济新闻社,2017 年)。

[6] 大桥弘《为提高生产效率及创造新的附加价值的视角》"关于创

新带动生产效率的研究会"报告书总论，财务综合政策研究所，2018年。
[7] 托夫勒在其中将经济学者表达为"我们"（阿尔文·托夫勒《未来的冲击》，德山二郎译，中央公论社，1970年，p. 268）。
[8] 在日本行政管理方面，在全府省展开了 EBPM（基于证据的政策立案）。
[9] 参照如 Regulation on promoting fairness and transparency for business users of online intermediation services（《关于促进在线中介服务的公正性与透明性的规则》）（https://ec.europa.eu/digital-single-market/en/news/regulation-promoting-fairness-and-transparency-business-users-online-intermediation-services）。
[10]《机会开发者》，增田米二，TBS 大英百科全书，1989 年。
[11]《第 5 期科学技术基本规划》正文第 11 页，注释 2（参照前言注释 1）。
[12] 同上参照第 21 页。
[13]《善与恶的经济学》，托马斯·塞德拉塞克，村井章子译，东洋经济新报社，2015 年。
[14]《零边际成本社会：一个物联网、合作共赢的新经济时代》，杰里米·里夫金，柴田裕之译，NHK 出版，2015 年。
[15] "Human Becoming" 概念参照 Ames, Roger T. Confucian Role Ethics: A Vocabulary, HongKong: Chinese University Press, 2010 以及 Rosement, Genry Jr. And Ames, Roger T. Confucian Role Ethics: A Moral Vision for 21st Century, Taipei: "National Taiwan University" Press, 2016 等。
[16] 宫川敬之 "醒悟、语言、修行"，讲谈社《书》，2013 年 8 月，同上 " '浑身' 是什么"，讲谈社《书》，2013 年 9 月。
[17]《正义的理念》，阿马蒂亚·森，池本幸生译，明石书店，2011 年。

第 7 章

对话：共建"智慧"，
开拓丰富的未来社会

——构建引领社会变革的
创新生态系统

面对国内外社会问题日益复杂化、多样化的形势，一方面，日本政府正在推动实现解决社会问题与发展经济双赢、宜居的超级智能化社会"社会5.0"。另一方面，联合国提倡通过可持续发展的开发目标（SDGs）来克服地球社会共通问题，呼吁产业界通过企业做出贡献。

为促进加速社会变革的技术创新，高校与企业如何展开研发工作？同为未来投资会议议员的东京大学五神真校长与日立制造所董事长中西宏明对此交换了意见。

东京大学校长五神真（左）与日立制作所董事长中西宏明

第7章 对话:共建"智慧",开拓丰富的未来社会
——构建引领社会变革的创新生态系统

东京大学校长

五神真

1982年东京大学大学院理学系研究科物理学专业硕士课程结业。1983年担任同大学理学部物理学教研室助手,1990年任同大学工学部副教授,1998年任东京大学大学院工学系研究科教授,2010年任同大学理学系研究科教授,2012年任东京大学副校长,2014年任同大学院理学系研究科长及理学部长,自2015年起担任现职。理学博士。

日立制作所董事长

中西宏明

1970年就职日立制作所,2003年任国际事业部部长、常务执行董事,2004年任专务执行董事,2005年任Hitachi Global Storage TEchnologies, Inc. 董事长兼CEO,2006年任日立制作所执行董事副社长,2010年任代表执行董事长兼董事,2014年任代表执行董事长兼CEO兼董事,2016年起任现职。

"社会5.0"是目标的共享

中西:当今社会各种问题日益显现,为解决这些问题的社会变革时机逐渐成熟。2016年1月22日内阁会议通过了"第5期科学技术基本规划",其中将"未来的产业创造及社会变革"作为一大支柱,要求加大产出非连续性改革的研发力度,

提出大力推进在世界范围内率先实现"超级智能社会"的举措——"社会5.0"方针。五神校长和我作为综合科学技术、改革会议的专家委员，一同对该规划进行了探讨。首先我想就作为"社会5.0"的意义与背景的问题意识，再次听听五神校长的想法。

五神：在制定"第5期科学技术基本规划"时，正好社会对物联网等数字革命的呼声很高，而"社会5.0"在第4期成果的基础上作为表达未来图景的语言，让人切实感受到整个社会在朝着新的方向发展，因此得到采用。

关于"社会5.0"的内容，中西会长作为未来投资会议（2016年9月设于日本经济再生总部）的议员也一起参加了研讨。其中的要点是数字革命会给所有产业或者社会系统带来非连续性的变化。例如，大数据运用全新的价值创造过程，也可以说是超级智能化，很可能颠覆整个社会的构成。

关键就是我们不能对科技进步带来的社会变化冷眼旁观，而要主动捕捉这种变化并将其变为自己的机会。社会变革，是个必须抓紧时间实行的东西，特别是对于少子老龄化，必须要在数年内就有对策。要解决这一问题便需要改变游戏规则，是一次研发走在世界前列的新技术和服务的绝好机会，由此便明确了所需要做的工作。在了解了社会存量的价值以及日本强项的基础上，需要进一步思考社会变化之后我们将要创造什么样的社会，以及为此我们现在需要做什么。而"社会5.0"将成为回答这些问题的关键词。它在社会中广为传播离不开中西会长的大力普及。

中西：您过奖了。我在日立集团改革的过程中发现了社会变革这一新的经营方向，由此认识到了此概念的重要性。当时集团内部对"社会变革究竟是什么"也是一头雾水。但是考虑到只谈个别技术无法起到引领全社会变革的作用，能够展现整体发展方向和前景的概念对今后的社会更加重要，因此特意使用了概念性的词语。

同样，"社会5.0"也是共享构建新型社会的目标。我们之所以称之为超级智能社会，是为了超越技术更进一步地使社会人性化。为此，我们需要的不是描绘出一幅整体设计图指出"这就是'社会5.0'"，而是在创造概念的过程中充分发挥创造性，由此产生新的价值观。

五神：您刚才的发言让我想到一件很重要的事。在我出任校长的两年前，在科学技术振兴机构（JST）的COI（Center of Innovation）项目的支援下，在东京大学成立了"相干光子技术的变革据点"。我本人的专业也是激光物理学，当初我邀请其他研究机构和材料与激光的相关企业共同参与，希望通过光学加工技术与材料技术的融合进行一场生产革命。

日本在20世纪后半叶的经济高度成长时期利用自动化和品质管理技术成功实现了以低价提供优质商品。然而，标准化商品的大量生产带来的是"让人性去迎合生产物质"的社会。接下来应该进行一场生产技术的革新，以求实现个性化生产也能达到与量产同样物美价廉的商品，如此，社会就能向"生产物迎合人性"的形式转变。

数字革命带来的未来社会应该是发扬个性、资源得到有效利用的可持续发展的社会。生产向更加注重个性的方向转变是其中一部分，此外还有定制医疗、弹性出勤等非物质性的以人为中心的思考方式，才是未来社会变革的关键。数字革命要改变的不仅是工具，更是要从根本上改变社会结构。

培养热爱挑战的精神

中西：要想通过数字革命完成社会的本质性改变，实现新价值观的创造，就需要改变以往的人才培养方式。

五神：针对刚才讲到的少子化和老龄化等紧急问题，为尽快改变现状，必须汇总尽可能多的知识。那么，高校不能单纯局限于教育年轻人，再把他们输送到社会中这一简单任务。高校应该成为聚集已被送出社会的人才、共同挑战难题的地方。与其说是再教育，更多的是积极开展循环教育，打造一个大家共同思考、共同行动的平台。

人们常说，年轻人"为应对未来的不断变化，要从小学就开始锻炼编程能力和语言能力"，然而我认为这种说法有些不讲情理。年轻人的数量在不断减少，我们要做的不是对他们说"请你们支撑这个时代",而是年长的这一代人从自身做起,迎接挑战,为年轻人做表率。无惧变化,培养乐于向新事物挑战的精神以及不害怕与众不同的精神才是最重要的。

创造新价值的是人,那么负责育人的高校的作用就显得愈发重要。我希望高校能与社会各界携手,在推进思维模式转换上扮演中心角色。

中西:在教育中,针对全球化的意识改革也很重要。现在不光是商业,连文化和社会生活都不可避免地走向全球化,在这种形势下,必须从根本上改变日本与其他国家之间的关系。在与不同人种和不同文化的人们接触的过程中,提高自身应对不确定性的时代和下一次巨大社会变革的能力。

五神:全球化,最初是想将发达国家的模式扩展到发展中国家,如今,全球化更倾向于多种人群共存的舒适世界。理解与尊重人的多样性,需要有将自己"相对化"的能力。我常对学生说你们要通过去国外留学来获取这种能力。我自身能做的就是努力创造机会,为学生的成长助一臂之力。

创造从多元化中催生新事物的条件

中西:产业界中不同行业之间的界限正在模糊,正在发生巨大的结构变化。如果有全球化的思维及站在地球整体的视角，在不断变化的世界中，拥有先见之明。然而这单凭读书是不够的，还需要能与人互动交流的"学习空间"。

五神：我同意您的说法。网络信息量十分庞大，但仅靠它不足以面对实际的难题。我认为，如高校，在现实中将人聚集起来的地方的价值将逐渐显现。不同立场的人带来不同的经验和知识，通过面对面的讨论，在这种多元化的碰撞中能催生新的事物。我们必须为此提供条件，增加互动空间。

中西：对此我深表同感。我跟五神校长的想法总是很一致啊（笑）。日本排名靠前的高校在全世界来看都是极具潜力的，不知道东京大学（以下简称东大）现在在应对全球化方面有何举措？

五神：东大作为全球知识多元化的承担者，必须明确自身需要发挥的价值和作用，并将其传递给更多人。例如，在全世界来看东大的人文科学和社会科学都很有实力，那么我们就在努力让世界看到东大在这方面的价值。在实现尊重个性的可持续发展社会的过程中，人文社科和自然科学以及技术的融合非常重要。像这样，跨越专业的合作和知识的越界，是在校内需要激化的体制。东大的目标，是积极推动构建这种校内体制，在世界中创造独一无二的价值。

产学官共筑革新生态系统

中西：在社会和产业结构范式变化席卷全球的背景下，如开场所说为加快变革需要打破高校、企业乃至官方的壁垒，开展合作。2016 年 6 月成立"日立东大实验室"，开展共享愿景并摸索产学合作新姿态等一系列活动。您对这种革新生态系统是如何看待的？

五神：让产学合作登上舞台是我身为校长非常重视的工作之一。迄今为止我已从自己的研究室向社会输送了 100 余名大学生。其中大约有七成进入产业界。与他们沟通后发现 10 年前开始有越来越多的人感到自己的能力没有得到最大的发挥。在产业结构发生巨大变化的时代，做到人人尽其才，发挥他们的潜力创造新的价值极为重要。高校非常了解自己的毕业生，一定可以助一臂之力。

另外，产业界对高校的期待值越来越高。在全球竞争加剧、追求短期效果的大环境下，需要有足够的智慧了解该在哪里发挥自己的强项，该往哪里投资。高校在学术领域培养的是在一个长时间轴上把握发展趋势的能力。为发挥这种能力，必须在考虑企业面临的环境变化的基础上，创造一种新的产学合作模式。我们首先完善了相关体制，以便企业能够放心为高校投资。现在已取得了部分成功，我非常期待今后生态系统的发展。

中西：如您所说，商业面临的环境越来越复杂，有时甚至抓不住问题所在，靠企业自身提出的假设或脚本往往难以解决问题。

生态系统的观点就很重要，日立东大实验室以企业与高校的高层之间开展对话的方式，共享技术以及未来的构想，将高校里的多元知识与社会联系起来，这不失为一种解决问题的捷径。未来构想既然关系到社会性问题，那么必然与官方也有联系，也需要风险投资等资金支持。高校的知识作为驱动力，协调四方面关系的机制是实现范式转变以及产业创生的关键。虽然我们现在落后于国外，然而最近这一观点逐渐在产业界普及，正是产学官合作创造日本式革新生态系统的大好机会。

五神：风投资本的确很重要。东大在 2004 年成立了风投 UTEC，致力于研究成果的企业化以及积累研究所需的技术知识。虽然比起美国的顶尖高校还较为逊色，但是截至目前东大已孵化了约 300 家创业公司，其中有 17 家已上市，整体市价总额达 1.4 兆日元。可以预想到的是今后产业界以曲线风投形式将研究成果转化为商业的事例可能会增加，东大通过共享风投培养技术开展产学合作也将成为可能。

中西：五神校长在 2015 年发表的"东京大学展望 2020"中，将"卓越性与多样性的相互连环——作为《知识共创的世界据点》"作为基本理念，我认为这就是理想中的生态系统。

五神：在我看来，日本的学术和产业在东亚一直处于领先地位，如果要创造无国界的有价值的新知识，其据点应该在日本，而且我希望是在东大。在这个生态系统中直接产生具有经济价值的知识，日本必定要在其中发挥作用。

中西：在日立东大实验室，产学合作进入新的阶段，最好能够促进服务于革新的生态系统的产生。能源领域是目前正在进行的一个研究问题，其相关利益者较多，不可能让日立一家企业享受全部利益，未来可能会成为生态系统的核心。

五神：为了加快变革进度，首先要扎实推进成果转化为社会应用。

SDGs 与研究活动的匹配

中西：我们讨论了国内共通的构想"社会5.0"，还有一个未来全球通用的构想叫联合国SDGs。我们在开展产学官合作创造新价值的过程中，也将SDGs作为一个重要的方针。五神校长抢先将SDGs列入东大运营战略，您认为东大在贡献SDGs的发展方面应该发挥怎样的领导作用？

五神：您提到的"东京大学展望2020"中"卓越性与多样性的相互连环"的首要任务便是"在多样化的活动中生出卓越之物"。鼓励研究人员和学生们展开基于自由思维的活动，集中这股力量并使其成为驱使社会朝良性方向发展的动力。为此需要在较高的层面共享活动目的，又恰逢联合国2015年提出了SDGs，我们就将其作为自己的活动目标。公布之初并未获得强烈的反响，然而随后SDGs能自主吸引投资，并且是激活经济活动的重要方针的观点逐渐普及之后，得到了高度关注。

此外，经团联也从 SDGs 的观点重新规定了"企业的行动宪章与实践纲领"，您也是参与其中。在世界性的环境、社会、企业统治（ESG）投资大潮中，企业通过采用 SDGs 实现企业价值可持续性提高的动向也逐渐普遍化。

在东大，首先请教师们填报与各自的研究和教育活动有关的 SDGs17 项中的项目，在此基础上绘制了图表。现已注册了 150 多项活动。通过图表不仅可以看到东大的强项应在某个领域发挥，而且有助于发现相互关联的研究问题，是鼓励跨领域研究的有效工具。

SDGs 一方面促进经济发展，同时在促进社会和谐发展机制的质量方面也发挥着重要作用，因此其价值巨大。我认为高校的职责就是把它与研究活动结合起来用于解决各类问题。

中西：我要说的跟刚才的话题有些重叠，我认为 SDGs 这一社会问题能够得到充分领会正是得益于全球化观念的普及。从商业角度来说，地球是一个整体这一意识已然全民化，在以增加环境负担为代价做生意赚大钱，随后再想办法补偿环境的思路现在已失去价值。相反，一开始便从全球化的视野出发在考虑环境保护的前提下开展商业活动，才是从真正意义上实现可持续发展。从某种意义上来说，我们需要回到最质朴的出发点。

以 SDGs 为契机，很多企业家发现环境和能源问题关系到贫困问题。从此观点出发重新构建商业的思路是产业界的领头羊。

五神：高校的研究特点为时间长度的多样性。既有短期研发，也有延续长达100年、200年的问题。产业活动本应该从长远角度开展，但是现在经济周期过短，使得维持长期研究和经营较为困难。SDGs或将成为改变这种大潮流的一个契机。最好能够在保持经济合理性的前提下，通过产学的互补合作，创造有利于产业界在较长跨度中开展活动的环境，使产业活动时间更加多元化。

中西：并不是说长期性的活动就完全依赖于高校，关键在于我们需要共同应对。日立研究所和研究人员在2018年迎来了成立100周年。在新的产学合作中您希望企业的研究所和研究人员发挥怎样的作用？

五神：时间节点是重新审视自身存在的一个绝好机会。2017年是东京大学创立140周年，我们以70年为一个阶段回顾了过去，并将下一个70年命名为"UTokyo 3.0"，希望未来东大能够驱动社会变革，为实现每个人遵循自由意志活动的社会是一个人类社会稳定发展的社会而努力。

高校和企业擅长的领域不同，不过我希望企业的研究人员能够继续在促进企业的长期性研发能力的方面做更多的工作。希望我们在"社会5.0"的构想下，不仅在技术方面，更要为实现"以人为中心"的产业和社会结构的范式转换共同努力。

中西：让我们通过知识的共创，引领社会变革吧。日立在

2015年以"顾客第一"的宗旨改组了研发部门组织机构,今天有幸听取五神校长的宝贵意见对我们有很大的参考价值。今后我们还将继续思考未来100年的发展前景。今天非常感谢您的到来。

*由《日立评论》特别增刊号,日立制作所研究开发部设立100周年纪念号"INNOVATORS创造未来的谱系"(2018·3)转载。

第 8 章

问题与展望

01

通往幸福的问题：面向个人与社会的和谐

"社会5.0"中的"人"与"幸福"

网络空间与物理空间（现实世界）高度融合的超级智能社会，这就是"社会5.0"的形象。在 AI 技术和大数据的支撑下，社会的整体状态将会大幅改变。我们的目标是改善从根本上妨碍社会可持续发展的种种问题，创造人人幸福生活的人性化社会。要想实现这个目标，其中的一个关键就是要思考怎样创造我们的生活环境，摸索全新的城市形态和社会设计，多学科领域共同合作，统筹"商品生产"和"城市建设"相关的尖端技术与思考。为打造支撑更好生活方式的生活环境，构筑可持续发展社会，设计合理的制度是面向"社会5.0"非常关键的一步。

那么"人"在其中是怎样定位的呢？

提高人性化程度、尊重人性、以人为中心的社会、有人情味、个人更加自由、追随人类变化多样的爱好等，在"社会5.0"的描述中有很多围绕人的关键词和关键概念。这些词语暗示我们，"人"的幸福是设计环境与制度时的主线，社会构建都是围绕这个主线展开的。

通过信息自由化与信息的高效利用，以及环境和制度设计方面的投入和技术，人们得以从过去的种种束缚中解放出来，个人的期望通过全社会可持续的、和谐发展的形式得到满足。在这样的社会中，人们在日常生活中感受到满足和生存的价值，身心健康幸福。这就是从以"人"为中心的角度所看到的"社会5.0"的形态。

关于个人与社会和谐的问题

在这个美好的社会中，要实现人人共享未来与人人参与的愿景需要什么条件呢？

冷静下来看，当今社会面临着能源枯竭、环境恶化、老龄人口的护理、劳动力减少等诸多具体问题。这些问题不会因为社会升级到"5.0"版而自动消失，必须采取有效的措施加以应对，否则只会越发严重。构筑人类行为与全社会福利和谐发展的社会就显得尤为重要。

本来在考虑全社会福利的基础上，维持行为的自由选择和制约的平衡就不容易。人拥有独立意志能够采取自律性行为，人无法轻易控制别人的想法与行为，更不能轻易把别人作为控制对象。但是也正因为如此，深化对"个人与社会和谐"这一问题的思考，对于实现"社会5.0"中的幸福才是不可或缺的一步。

幸福的模样

对"人"来说，幸福到底是什么？这个问题古今中外不断被人问起，并且有诸多相关论述。在考虑社会的设计时首先必须抓住幸福的条件。我们在怎样的情况下会感到幸福呢？在此我们通过从国家层面展开的综合性讨论从而为读者介绍一个相对成熟的观点。

日本内阁府于2010年召集社会心理学与经济学等领域的专家成立了"幸福度研究会"，开展专项研究。在该研究会中，讨论此前日本国内外的学术研究成果，在此基础上对幸福度指标进行分类。讨论结果汇总于2011年12月提交的报告书中并在网上公布[1]。

从研究结果来看，主观幸福感虽然因年龄等条件而异，但在社会可持续性发展的前提下，主要有以下三方面因素。第一是财富和收入，还有工作、居住环境、教育、安全放心等社会经济状况；第二是身心健康；第三是与他人及家人的关系、与地区及社会的关系、生活方式等与外界的关系。

什么是相对幸福的社会

刚才列举的几个因素，不管时代怎么变，其作为幸福的前提条件这一点应该是不会变的。那么随着 AI 技术的发展和数据的充分利用，城市环境更为宜居，工作起来也更轻松，同时保健制度、健保系统、医疗保险制度、保健系统的完善使人们生活得更健康了，整个社会的幸福度也就提高了。也就是说，在朝"社会 5.0"发展的过程中，社会经济状况加以改善，保持身心健康的环境得以完善，那么至少从这些方面实现了"较为幸福的社会"。

不过，这里面还包含前文提及的个人与社会和谐的问题。虽说引进先进技术能够提高系统效率、带来富裕，但是社会的成立基于有限资源的分配这一点是不会变的。即使追求舒适性与满足个人欲望比以前更容易，但是过度消费、为满足一己私利不正当垄断资源等利己行为过多的社会是无法持续的。社会需要确保整体利益的道德体系以及与之相一致的个人行为。"社会 5.0"要想为人们带来幸福，不单要在技术和数据上下功夫，还要在社会设计中确保行为的自由与制约之间的平衡。

只有在人性化的基础上对人的行为加以限制，才能实现个人与社会关系的"和谐"。如果陷入社会束缚个人、个人背叛社会的境地，就会与尊重人性的社会背道而驰。个人按照自我的价值观，行使自由选择的权利，采取追求幸福的行为。这样的行为与社会可持续发展所需的道德体系一致的时候，就打开了构筑幸福社会的大门。

社会设计与相关性

社会设计的方法还和幸福的第三个条件——与外界的关系有关。居住环境、职场环境和信息环境的建设方式，为人提供服务的方式，还有 AI 代替人等都会影响人与外界的关系。

试问"网络空间与物理空间（现实世界）高度融合的超级智能社会"究竟会如何改变人与人之间的联系，会形成怎样的共同体呢？从社会经济阶层和价值观角度来说，是具有相同属性人群的集合还是多元化人群的集合呢？会不会和亲近的人交流更加紧密，和疏离的人越发疏远呢？人们与现实中的人的交流时间会比现在更多吗，还是与人造物之间相互作用的比例更高呢？诸如此类的问题追问下去，可以判断"社会 5.0"会对相互之间的关系产生怎样的影响在很多方面尚未明确。

正因为这样，今后的设计方向非常重要。我们必须为"社会 5.0"赋予使人幸福的社会关系的特征。不过这里有一个问题，如果优先一切以个人对舒适社会关系的追求的话，就会破坏个人与社会整体的和谐。例如，假设社会环境允许人们只和价值观一致的人交流，而拒绝与不同属性的人交往。这种环境下人们可能精神上比较轻松舒适。但是这样一来就会产生排他性的共同体，导致差异和歧视等问题，甚至作为孕育社会包容性和多样性的创造性和人生的丰富性都会丧失。

需要注意的一点是，社会设计对社会关系的影响特征往往是无意识的，带有副作用性质的。例如，把某个智慧城市设计成兼具便利性和安全性、舒适性的社区提供给人们的时候，人们是否会"随机"集中到这里呢？从结果来看难道不是拥有特定社会阶层、经济能力和价值观的人们才聚集到这里了吗？

无意识行为引发的结果很难预测。而人际关系引发的社会现象多种多样，要预测更是难上加难。但是正因如此，社会是人与人关系的集合，"社会5.0"的幸福建立在二者和谐的基础上，更应该加以重视。

自由的行为选择与社会限制

如果说"社会5.0"是人民更富裕、生活更舒适的社会，那么我们可能会认为追求高于当下的舒适与富裕是理所应当的。有了按个人喜好选择自己喜欢事物的环境，可能还会任性地做出选择。在这种情况下，"个人与社会的和谐"就面临着行为受限这个选择难题。

一个提倡高覆盖、高标准提供舒适、便捷、富裕、健康等价值的社会，也是解放欲望的社会，同时也会提高人们的需求水平，甚至人们对更为自由地获取价值这一期望也会变强烈。但是自由追求更多价值的行为有时会损害社会整体利益，所以必须对个人行动加以制约。本节的后半部分将从人性特点的角度出发讨论这种制约的方式。

报酬与惩罚的陷阱

直接影响行为的一种机制是报酬与惩罚。特别是为行为的结果赋予货币价值或者其他可代替品的方式，对人的行为有很强的控制能力。虽说钱并不是万能的，但这也是人性真实的一面，所以社会管理机制一定是由报酬与惩罚两方面构成的，我们的日常生活就处于这些约束下。

报酬与惩罚都需要一定的社会成本。例如提供这些服务的费用负担，以及确保奖惩适当的监管成本。如果将技术研发成果纳入环境和制度设计之中能够降低这部分成本的话，在"社会5.0"中通过报酬与惩罚机制管控人们的行为会比以往的社会更高效。

但是从以人为中心的观点来看，依赖这种机制的社会存在陷阱。它可能会和尊重人的基本特质相违背。例如根据自我的态度和价值观采取自律的行为。如果人的行为仅仅出于以得到报酬或躲避惩罚为目的，就会损害内在动机的形成，导致后面所讲的逆反心理。

内在动机形成

负责我们行为的动机大致可分为两类：内在动机与外在动

机。内在动机是指兴趣、态度以及内化了的价值观，而外在动机是指外部的报酬或惩罚、他人施加的压力等。

外在给人类行为赋予的负面动机就在于它可能会损害内在动机的形成。例如把一个本来就认为环保很重要的人置于奖励环保行为的制度环境之下。显然这样的人依旧会节约能源，但是在这种制度下人们很容易认为自己的环保行为是为了得到报酬，而不是因为自己本身就注重环保，导致这个人重视环保的价值观本身遭到损害。就像人们一旦觉得自己是为了钱才去工作，很快就会感觉乏味，它们是同样的道理。

也就是说，人类会思考自己行为的原因，如果有一个非常明确的理由，那么其他理由就会被掩盖。自我行为是为了外在的报酬或惩罚的认知，会使人产生行为无关乎自我立场及价值观的认知。

逆反心理

我们认为自己有选择行为的自由，并且认为确保自由很重要。因此，如果人的自由行为受限，"强制性"地被要求选择某个选项，人们心理上就会反感。

这种反感称为"逆反心理"，其导致的问题之一就是让人觉得"无法选择"的选项有着比实际上更大的魅力。能够自由选择的东西如果得不到，同样也会觉得得不到的才是最好的。而且想要夺回"自由决定权"的愿望也会更迫切。所以一旦有机会就容易去选当初"选不了"的选项。还以环保为例，人们如果认为环保是惩罚或报酬驱使下的"强制性"的行为，就会对浪费能源无限向往，在没人监视的时候更容易报复性地浪费能源。

形成态度和价值观的设计

可能有人会觉得内在动机形成和逆反心理都在强调人性的恶。但实际上这关系到人性中最重要的一个方面。相信人能够根据自身的认识和思考以及价值判断采取自律行为是"尊重人"的基础。在设计以人为中心的社会环境及制度时，以"人具有自律性"为前提的理念应该得到重视。

从这个意义上说，报酬与惩罚的利用程度与利用方式都需要慎重把握。为维持社会系统的稳定需要对个人行为采取何种程度的制约，需要我们能够进行正确的判断。假如宽松的制约就能达到目的，就无须报酬和惩罚制度。只需设置引导行为的环境（这便是所谓诱导），引导人们采取"有利于个人与社会和谐关系"的行为，这才是真正人性化的社会。

之所以这么说，是因为这种方式同时有利于人们形成与行为一致的态度和价值观。刚才讲过人们容易认为"自我行为是为了报酬，而不是出于自己的态度和价值观"。但是与之相对，"就算没有报酬也要这么做，因为这是自我态度和价值观所在"，这种想法也是成立的。

也就是说，不是以报酬与惩罚，而是以在"不以为意的"诱发行为的环境中，实际采取这样的行为的话，那么人们就会形成要秉持与环境相合的态度与价值的自我认知。该机制告诉我们，以一种顺应人们向往自律性与选择自由的方式也可以达到制约人们行为的目的，甚至借助正确的态度和价值观促使个人与社会和谐共处也是可以实现的。

显然能否顺利进行仍是一个问题。如果帮助人们形成理想的行为态度和价值观这么容易的话，那么所有的社会问题在加深之前就都解决掉了。人们的行为往往不那么尽如人意，这一点不管是在常识层面还是人类行为研究学的层面都已经很明确了。所以这里要阐述的不是行为控制的秘诀，更不是阐述禁止使用报酬与惩罚的手段。

无论哪个社会都离不开"对个人的制约"，"社会5.0"当然也要动用全部认知来解决这个问题。此时以人心的特殊性作为大前提既可以防止产生意料之外的无效措施，还有利于实现个人与社会和谐共处的幸福状态。在设计环境与制度时秉持这个观点，既是尊重人类的理念也是众望所归。

留在最后的伦理性的问题

关于"社会5.0"中的幸福，之前我们从基于人的特性谋求个人与社会和谐的角度进行了考察，最后我们再来谈谈伦理方面的问题。具体来说，像决定人们行为方向的原理原则是什么，哪些行为是可以允许的，引导他人下意识行为的"权利"在谁手里等。

诱导以网络广告为首，已经遍布世界各个角落。不过，在符合公共性与社会常识的价值判断的前提下，心怀善意的设计者们所设计的诱导反而或许是人们所希望的。相对的，对于这种潜移默化中引导自己行为方向的社会机制也会有人第一感觉是避讳和恐惧。

话虽如此，虽然本书列举的问题现在仍没有十分明确的答案（至少笔者是这么认为）。但这并不意味着我们要放弃这些问题，或者放弃谋求个人与社会和谐的种种准备工作。即使现在找不到答案，也要探索前行。

这是我们当代人对生活在未来"社会5.0"中的人们的一份责任。在引进技术以及设计制度之时和探讨"社会5.0"的形态之时，必须从不同立场来考究这样做（即使不是最好的）在可能的选项中是不是更好的，是不是更妥当的。这才是对生活在未来的"人"的尊重，才能给未来社会带去幸福。

02

"社会5.0"的意义与展望

至此我们讲解了"社会5.0"的概念及其主要的关键词，探讨了对实现"社会5.0"的基本思考和在技术研发方面的想法，以及以人为中心的社会的发展方向与可行性。最后，我们想要在此梳理"社会5.0"的社会意义，并总结一下对未来的展望与面临的问题。

科技先导的构想

从"科学技术基本规划"中也可以看出，"社会5.0"以科学技术为先导，清楚地展示出对未来社会的构想。承担网络空间与物理空间（现实世界）高度融合的超级智能社会的是技术，包括汇总各类数据构建网络空间的技术，还有将数据转化为知识，并使其与物理空间（现实世界）相结合的技术。

本书也聚焦了实现"社会5.0"的技术,先后介绍了信息合作基础(第4章)和变革城市、居住环境的思考(第5章)。

这些技术的对象来源于物理空间(现实世界)中收集的数据,如能源、交通、消费记录、废气类的城市环境数据等,各种数据都存储在网络空间中。汇总来的数据不过是数字的罗列,将其处理为有意义的信息并转换成知识,积极运用于物理空间(现实世界)。网络空间与物理空间(现实世界)高度融合的超级智能社会可以说是知识集约型社会的升级版,这也是它被称为数据驱动型社会的原因。

但前文我们说的技术得到实际运用的理想社会是"以人为中心"的社会。要解决超老龄化社会和零碳社会等社会问题,稍不注意就容易陷入强制人们忍耐的误区。技术是为了实现解决问题与宜居社会的共赢,虽然科技是先导,但其最终目的是构建以人为中心的社会。"社会5.0"是科学技术先导的构想,但是最终目标是实现以人为中心的社会,这一点希望技术研发相关人员一定不要忘记。

以人为中心社会的理念与路线

"以人为中心的社会"究竟是什么样的呢?"科学技术创新综合战略2017"中提出,"'社会5.0'旨在消除地域、年龄、性别、语言等造成的差距,提供完善的物品及服务来应对多样化、潜在的需求,以此实现发展经济与解决社会问题的双赢，让人人都过上舒适又充满活力的高品质生活的以人为中心的社会"。这个定义的意义大致有以下两点。

第一是指能够解决社会问题（社会整体最优化）与人们安全舒适的生活（个人最优化）共赢的"可持续发展社会"。应对全球变暖问题迫在眉睫，从低碳社会向零碳社会的转变以及日本作为老龄化的发达国家如何应对未来超老龄化等都是亟待讨论的社会问题。实现解决社会问题与宜居社会的双赢是关系到日本能否成为问题处理领军国家的关键性问题。

第 2 章阐述了从居住开始的变革"居住地革新"这一措施。为防止解决社会问题而陷入强迫人们忍耐的误区，将解决社会问题的指标因式分解为"政策制定""技术研发""追求生活质量"三大部分，梳理了面向社会整体最优化与个人最优化双赢的思路。在此基础上，针对这三大部分强调了产学官民合作的重要性。特别强调关于提高生活质量（QoL）的研究十分重要，例如怎样理解理想的社会形态与人性这种人文社会科学角度的研究是实现"社会 5.0"的关键。

第二是指接纳他人喜好的多样性，形成宽容、允许多元化的"包容性社会"。按照过去的思维，与发挥地域的个性相比，人们更倾向于追求经济性与高效性。人们往往没有太多选择的余地，只能住在同一类的小区，维持一成不变的日常和生活方式。未来社会，在个人喜好的多元化不断发展过程中，人们能更为自由地选择居住地和生活方式，享受爱好和闲暇时间带来的欢乐。对不同喜好和不同收入阶层的人一视同仁，人人都能按自己的喜好享受服务。不过，现如今我们的生活中现金使用逐渐减少、拥有物品的意义也逐渐淡化。非货币价值以及共享经济正在全社会中渗透。按照第 6 章的论点，在社会不断变化的情况下，要求人们重新审视自身的幸福和价值观来应对这种变化。

以信息技术为先导，在经济、教育、福利等机制不断变化的情况下，必然要探讨新的社会结构。另外，个人的幸福是什么，人与社会的关系应该是怎样的，这一系列论点还需要深入讨论。在实现"社会 5.0"的过程中，人文社会科学领域的作用很大，只有将对这些论点的探讨在全社会共享，"社会 5.0"的概念才能真正渗透于公民社会中。

公民创新

传统"智慧城市"的概念，如第 3 章所述，能源领域中智能电网等技术的应用一直走在前列。传统智慧城市一直在推进能源和交通等特定领域数据应用的方法和技术。比智慧城市更进一步的"超级智能社会"的"超级"是指跨领域的意思，我们通常把它理解为强调不同领域交叉合作的概念。也就是说，在技术研发上最优先的问题之一就是不同领域的数据与信息合作，以及包含不同领域之间信息相互关系的知识数据库的信息合作技术、数据平台的实际应用，还有技术研发机制的构建。"社会 5.0"还有促进跨领域合作技术研发的含义。

同时，为实现"社会5.0"还需要转变现在的产学合作思路。切实积累高校研究室水平的民间企业以及受托研究、共同研究的成果当然也很重要，但是这些成果转化为引领社会的举措方面还略显能力单薄。现在欧美已经有很多企业与高校结成了协作对象。"社会5.0"应该是高校和企业发挥各自的优势，从未来社会展望与技术研发两方面进行研究，从"产学共建"的观点来解决的对象。

另外，"社会5.0"为大数据解析和信息协同基础等相关技术的研发创造了契机。在相关技术研发方面，依托产学官大力推进相关举措，但是这不是仅仅面向高校理工科学者或是制造企业和App研发人员的。实现"社会5.0"的技术含义非常广。在第3章中我们介绍了巴塞罗那市改善城市环境的举措，具体来说就是在街道多处安装传感器，将收集来的数据透明化，让公民监督以实现城市环境的改善。运用信息技术和大数据解析技术来落实改善公民的日常生活和居住环境的创意，这也是构建"社会5.0"中网络空间的重要一环。

我们身边有很多东西尚未数字化，数字化的观念以及运用数据的智慧与努力最终将用于传感装置的研发和数据可视化App的研发。挖掘社会需求是技术研发的根本动力，如果将其也看作技术研发的一部分，那么对于构建"社会5.0"网络空间的工程，可以说人人都有机会提出想法并参与其中。像共享经济等新兴经济形式也是将人们的创意与信息技术相结合转化为实体并迅速普及的机制。居住环境革新也离不开公民的提议，因为没有谁比他们更了解自己的生活环境，而且最终掌握运用网络空间与物理空间（现实世界）融合的技术的也是他们。从这个意义上也可以说"社会5.0"是在公民自主推动革新过程中不断积累的基础上实现的社会。

人才培养与教育

为实现"社会5.0"，离不开包括培养新领域专家在内的教育环节（图8-1）。教育方面要强调两点。

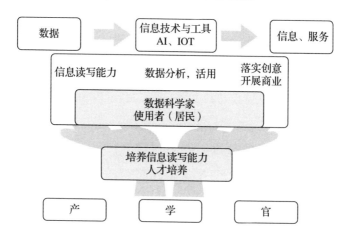

图8-1 人才培养与教育的必要性

一是随着今后社会需求不断增加，需要培养运用AI进行大数据分析的专家。大数据分析和AI方面的专家被称为"数据科学家"，对这部分人才需求增长的现象，在医学和药学的基因组大数据分析领域也引起了人们的关注。随着物联网产品的增加，培养能够运用 AI 分析大数据的专家将成为当务之急。未来交通（自动驾驶）、能源（CEMS、BEMS）、建设（i-Construction）、流通（e-Commerce）等领域也会急需数据科学家。高校教育机构人才培养的速度已经赶不上需求的增长速度了。人才缺口之大仅靠全日制教育是远远不够的，必须考虑通过对社会人开展循环教育来解决这个问题。

二是在数据驱动型社会中，让普通市民掌握信息读写能力以便正确解读数据和信息，这点也很重要。如果不能准确解读数据和信息，不仅会误导解决问题的方向，还会误导数据与信息的应用方向。例如，在犯罪发生率上升的地区，对犯罪发生数据的解读会影响到对策方向。犯罪是犯罪分子在某处所犯的事件，为减少犯罪需要充分运用现有数据这点是没问题的，但是如果认定易引发犯罪的地点不同，同样是关注犯罪的人，不同的看待方式，对策也就相应发生改变。另外还必须考虑信息开放对当地的影响。犯罪发生数据是用典型的解读方式与对策解决较难解决的问题，而开放化的数据因数据接收方的看待方式不同，未来可能会给当地社会带来各种各样的影响，所以必须引起重视。

掌握包含数据和信息的读法与运用方法在内的信息读写能力，在数据驱动型社会中显得越发重要。未来从初等教育到高校等各类教育机构、企业和地区社会可能会共同来参与此事，不过确保每位公民掌握信息读写能力的教育发挥的作用也很关键。只有人人掌握高度的信息读写能力，将数据用于造福地区社会的安全和宜居环境，才能真正成为数据驱动型社会中的发达地区。人才培养与信息读写能力教育作为实现"社会5.0"的依托,是教育机构、企业、行政部门今后需要在各自立场上履行的重要社会职责。

促进地方创生的政策

实现"社会5.0"离不开国家与地方自治体在政策转换与制度改革上的领导作用。之前讲到构建不同领域之间信息合作的基础与保护和运用个人信息等问题中也存在多方面的有待解决的制度性问题。另外,放宽限制开展变革,以及创造新的商机比以往更为重要。

政府部门和民间机构各自管理着地域社会中的零散数据,为构建不同领域之间信息合作的基础,就需要有劳动力来统筹这些数据,就必须扫除行政部门之间在数据管理上的上下级障碍(图8-2)。哪怕是单纯采集地理信息,也涉及大楼使用、道路、下水道等多种数据,必须把这些不同部门分管的形状和属性数据统筹起来。交通、福利、教育等方面也需要将不同部门手中的数据加以统筹利用。另外,在个人信息的使用中必须正视个人信息保护问题。现在类似"个人数据银行"和"信息银行"等保管信息以便后续使用的计划偶尔也会出现要落地的意向,今后有待提出实现的策略。数据的运用是"社会5.0"的关键。我们在第3章列举了欧美和日本先进地区的事例,地方自治体今后有望在确保人类安全的前提下实现数据开放化。

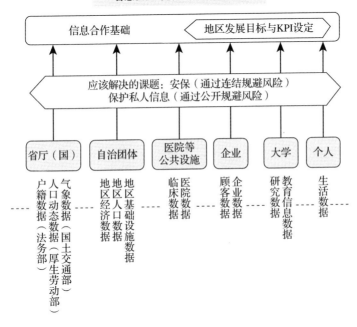

图 8-2　服务于地区创生的数据合作及其课题

不管是在国家层面还是在地方层面，要想实现解决社会问题与舒适生活的共赢，关键是要发现现有政策的局限性，重新审视作为政策依据的价值观与理念。在此基础上，梳理推行新政所必要的关键绩效指标（Key Performance Indicator，KPI），定期收集所需的数据作为依据并加以分析。数据运用并不单单是企业的业务。运用统计数据作为政策制定的支撑以及政策达成度评价的依据，也就是所谓的"基于证据的政策制定（Evidence Based Policy Making，EBPM）"，这是国家统计改革推进会议中提出的政策[2]。

从地方创生的观点来看，构建产业生态系统也很重要。也就是说，地方自治体与地方企业围绕"社会5.0"共同构建基于信息技术的产业生态系统，并将其用于地方社会的创生。为此，需要国家和地方两个层面将构建产业生态系统作为共同目标。在这个生态系统中，行政数据开放化产生的新市场以及中小规模市场互相联系。

"社会5.0"中提出的超级智能社会要想在地方实现，就必须放宽地方限制并开放行政数据等。为提高公共服务水平，创造新的商机，同时为助力高校与企业合作研发新技术，必须完善与充分利用通过先进的信息网为地区之间建立相互联系的基础设施。此外，还需要产学共建的承担者，推进地方特产的生产与先进制造，乃至新的服务行业的培养。

作为商机的"社会5.0"

"社会5.0"中数据从垄断转为开放，也由此产生了更多的商机。传统企业通过垄断自家顾客的数据和市场数据获利。但是今后的社会将在保证人类安全的前提下开放数据，实现数据在网络空间内的共享，进入一个自己创造新商机的时代。公交、轨道交通、出租车等交通事业单位的出行数据，不动产经营者手里的土地使用和建筑物使用数据，电、煤气等的能耗数据等，在充分保护个人信息的基础上，将各企业内部无法消化的数据面向社会开放，通过对不同领域的数据进行重叠、合并分析，过去没有机会的商业也有可能达到翻倍的效果。并且在提高服务地方与服务顾客水平方面，开拓新市场的可能性也增加了（图8-3）。

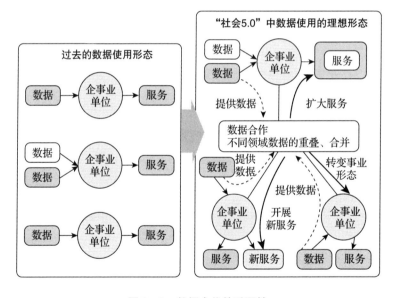

图8-3 数据合作的重要性

不过，第3章中提出的智慧城市的延续性举措在普及与商业化中还存在一些挑战。例如，作为能源管理等的试点的智慧城市，依靠国家补助经过试验验证后，企业应该怎样跨越实现商业化的事业性障碍，迈出落实与普及的一步。另外，"社会

5.0"提倡"提供完善的物资及服务来应对多样化、潜在的需求"的社会,在这样的社会中,公民可以利用信息技术将自己的理念与智慧转变为商业行为,这对于具有较高问题意识的普通市民而言也能拥有商机。

在"社会5.0"实现的过程中,高校里同样存在商机。随着高度的知识集约型社会的发展,高校研发出来的新技术,新知识创造一个全新行业的机会也越来越多。可以说"社会5.0"进一步增加了公民以及高校研究人员发现商机的可能性。

发源于日本的运动

"社会5.0"是日本面向全世界发出的新时代的信息。

目前,日本和其他国家将智慧城市在能源管理领域不断推广应用,而且欧美国家正在广泛推行广义智慧城市,在这种情况下,发源于日本的概念"社会5.0"作为下一个时代的承担者浮出水面。在此要强调它的两点意义:第一是它作为科技引领构想的意义,该构想有日本的技术力量做后盾。第二是鉴于资本主义的发展可能会带来新的社会差距,"社会5.0"虽然靠科技引领,但是仍将以人为中心的社会作为其目标。"社会5.0"致力于打造尊重多元化与个人喜好的包容性社会,单从这点就知道它和德国试图通过信息技术和物联网实现产业革命的"工业4.0"构想不同。科技引领的前方是以人为中心的社会,将这个理念传递给国际社会是非常有意义的。

然而想要把超级智能社会的理念推广到海外仍需面对种种技术性和制度性的问题，例如怎样跨国共享网络空间与信息合作的平台等。为此，需要推进网络空间构成数据的国际标准化或网络空间本身的国际标准化。不仅要将能源、交通等各领域数据标准化，跨领域信息合作方面也要进行标准化。"社会5.0"相关领域的 ISO 等的标准化是今后的问题。

一般来说，要想赋予数据客观性或普遍性，使其能够在时间序列以及不同地区之间进行比较，就需要有一个专门用于产生数据的国际通用规则或标准。日本处在由问题先进国家向问题解决先进国家转型的过程中，"社会 5.0"可以说是非常重要的国策。有活力的老龄社会和零碳社会等问题解决模型如果得以应用，那么今后这个研发的技术和系统就能在遭遇同样问题的发展中国家得到普及。"社会 5.0"的目标是建成一个以技术力量为后盾的构想，以引领具有向心力的 21 世纪的"视觉驱动"型社会。换而言之，发源于日本的这场运动能否推广到国际社会，完全取决于国内的一系列举措能否成功。

SDGs 的方法

在 2015 年 9 月联合国"可持续发展峰会"上采纳的"可持续发展目标（Sustainable Development Goals）"，通称为 SDGs。世界各国都在加深对它的认知。SDGs 设定了 17 大目标群，要求各国、各地区在 2016 年到 2030 年之间完成，并且在每个目标群内又设定了 169 个小目标和 244 个指标（有重复）。SDGs 的口号是"不落下任何一个人（No one will be left behind）"。只不过实现各个目标的方法和道路取决于各国及地区[3,4]。

在日本，一方面要探讨为实现国家和地区的 SDGs 企业、高校、自治体该做些什么，另一方面还需要考虑它与"社会 5.0"的关系。

"社会 5.0"在提倡"超级智能社会""以人为中心的社会"的同时，还一并倡导科技引领的道路。相对于 SDGs 的 17 个目标以"不落下任何一个人"为口号的自下而上的理念，"社会 5.0"的方法论旨在促进引进最尖端技术，同时建设多样性的社会。"社会 5.0"由科学技术引领，必然会注重促进全领域的技术研发，而 SDGs 为达成综合性目标，当然也会引进先进技术，但其重点是消除地区差异和贫富差距，自然就会在积极推进给排水等基础设施与公共设施的完善、消除社会机制导致的瓶颈方面下功夫。

SDGs 还有一个作用，就是让只追求自身利益的企业了解为社会做贡献和创造社会价值的重要性。让企业意识到，只有对社会的成长与自身事业的成长一视同仁，企业自身才会实现可持续发展，达到让企业自发地去思考解决方法和目标的效果。这 17 个综合性目标的结构确保无论何种行业都能轻松找到各自对目标的贡献，其中的内容既适用于国家与自治地域，也可以作为企业和高校的行动指南。

SDGs 的输出主要是各个目标的完成程度还有完成方式，而"社会 5.0"由科技引领，旨在通过技术的力量实现经济发展与解决社会问题的共赢，在此过程中研发出来的技术以及领先的应用系统将成为"社会 5.0"的产出。总的来说，"社会 5.0"的产出是研发出来的技术和系统，同时也是利用相应技术和系统解决问题的模型。这个模型同样可以成为完成 SDGs 的目标的方法。"社会 5.0"在视觉驱动下研发的技术和系统作为成果输出到社会中，今后有望为加快完成 SDGs 的目标提供技术与方法。

综上所述，可以从多方面来理解"社会 5.0"的意义。作为科学技术引领的社会，"社会 5.0"提出"超级智能社会""以人为中心的社会"，它没有仅仅停留在科学技术所指向的目标与未来，而是联系政治和经济，展现出它可以肩负开拓新型社会责任的一面，是非常富有启发性的概念。

随着信息技术的应用普及，社会正毫无疑问地向超级智能社会的方向发展。但是，现在还不能保证"超级智能社会"能否像构想中所描绘的那样朝着"以人为中心的社会"发展。而且人们始终会担心或者恐惧信息技术和 AI 的进化带来的是反人类社会。

在"社会 5.0"中，坚持科学技术必须引导社会进入良性发展方向的态度，参与技术研发和地区开发的组织人员、技术人员以及公民社会的每位成员都应有"以人为中心的社会"意识，这也许才是最重要的。

注释：

[1] http://www5.cao.go.jp/keizai2/koufukudo/shiryou/4shiryou/2.pdf.

[2]《统计改革推进会议最终总结报告》，2017年5月。https://www.kantei.go.jp/jp/singi/toukeikaikaku/pdf/saishu_honbun.pdf.

[3]《2030纲要》，国际连合广报中心。http://www.unic.or.jp/activities/economic_social_development/sustainable_development/2030agenda/.

[4] 外务省《Japan SDGs Action Platform》https://www.mofa.go.jp/modaj/gaiko/oda/sdgs/index.html.

结束语

　　成立于 2016 年 6 月的日立东大实验室以实现"社会 5.0"为目标。以"社会 5.0"为基本理念的"第 5 期科学技术基本规划"在 2016 年 1 月的内阁会议得到确立,当时"社会 5.0"一词才刚刚出现,人们对它的认知度很低。想起当初日立东大实验室刚成立的时候,即使在和有识之士讨论时提到"社会 5.0"这个词,很多人的反应都是一脸茫然,现在看来恍如隔世。本书的出版计划是在 2018 年春季落实的。虽然当时"社会 5.0"一词在日本的影响逐渐扩大,但是很多人对它的理解依然含糊不清。在"社会 5.0"一词被广泛用于各种场合的情况下,本书希望通过梳理"社会 5.0"的概念和理念与广大读者共享,因此落实了本书的出版计划。

　　不过,本书的各位笔者最初对于"社会 5.0"的基本概念的理解和解释也是存在一些分歧的。因此,为了促进相关人员的相互理解,并加深彼此对概念和技术研发的理解,日立东大实验室面向各相关人员和本书编写者举办了多次圆桌会议形式的座谈会(小型研讨会)。东京大学文理科的教研室也参与了座谈会,我们从中得到很多宝贵的启发与见解,这些成果也都编入了本书中。

面向"社会5.0"的研究需要从政策提案和技术研发两方面进行。而日立东大实验室中既有企业的技术人员,还有学校的工学、经济学、心理学等多个领域的学者参与其中,不断推进机构合作下政策提案与技术研发配套的"产学共建"。本书包含了其中的部分研究成果。这种产学共建进一步扩大到行政机构和产业界,参与者团结一致促进落实,有助于为社会带来更具颠覆性的成果。"产学共建"充分发挥企业和高校各自的强项,通过它们的联合致力于解决社会问题与尖端科技的研发,我们非常期待这种模式今后不断增加。

"社会5.0"的提出与日本的"问题先进国家"的身份不无关系。要想使日本从问题先进国家转变为问题解决先进国家,就需要重新审视经济直线上升的高度经济成长期时所建的国家、城市、地域社会各层面上的机制,实际上很多措施的实际操作层已经在推进了。在此情况下,"社会5.0"作为科学技术引领的全新型社会,展示出解决社会问题与经济成长双赢的前景。信息技术的渗透被称为数字革命,从根本上改变了产业与社会结构,我们需要正视这个潮流,力争让我们的社会进入不断创造新产业的良性循环。特别是我们生活在一个 VUCA [(Volatility(不稳定), Uncertainty(不确定), Complexity(复杂), Ambiguity(模糊)] 的世界中,设定并分享目标才是最重要的。

本书就"社会5.0"中的城市变革理念与今后的展望进行

了论述。该变革的最终目的是提高"居住的价值"。也就是说，过去由城市建设方规划并提供的价值，今后将转由住户方来提供。在数字技术正在广泛普及的社交软件和制造业领域，一直以来的模式正在发生变化，现在用户自身可以更多地直接参与产业规划。实现新型社会的第一大动力是公民，包括在城市变革中，公民作为革新的主体能否创造或再现理想的城市，是实现"社会5.0"的关键。

另外，在各国竞争白热化的当下，为实现"社会5.0"必须发挥各界的作用。产业界需要明确现在城市存在的问题，开放有助于居住革新的数据，通过促进数据充分利用催生新的机遇。同时行政管理方面，要在修改与完善法律制度的基础上，制定安全利用数据的机制，以此推动发挥地区特性的城市建设。在构建数字革命后的新型社会机制时，学术界需要充分发挥人文智慧，率先提出未来的问题，引领社会的革新。

日本社会当前正处在新数字革命的漩涡之中，落实产学官各自的职责并推进产学官协作对于日本在国际竞争中的脱颖而出，以及实现基于以人为中心的新型社会模型都有非常重要的意义。

新数字革命又被称为"数字资本主义"，在各国迅速发展新数字革命的当下，"社会5.0"可以说是日本为全世界展示的新一代数字社会的愿景。衷心希望能为加快产学官合作，促进"社会5.0"的实现贡献微薄之力。

谢 辞

本书的出版得到来自多方的帮助与支持。帮助过我们的人在此就不一一列举了，特别感谢东京大学理事、副校长小关敏彦先生，副校长吉村忍先生，（株）日立制作所执行常务理事CTO铃木教洋先生，基础研究中心主任山田真治先生。感谢他们一直以来对日立东大实验室活动的支持以及为本书提出诸多的宝贵意见。此外，本书得以出版离不开以羽贺敬、杉本美穗为首的东京大学产学合作部的诸位，以及以福山满由美、木下登美子为首的（株）日立制作所研发集团技术战略室的诸位的支持。感谢以本田惠理子为首的日立东大实验室事务局的诸位，在编写准备阶段为举办小型研讨会提供的支持。感谢以柴田吉隆为首的（株）日立制作所东京社会革新共建中心提供的图片资料。以及其他诸位相关人员，谨在此对各位表示衷心的感谢。最后，还要特别感谢日本经济新闻出版社编辑部的平井修一先生给予本书出版的机会。

作者一览 （括号内为负责部分）

出口敦

东京大学大学院新领域创成科学研究科社会文化环境学专攻教授。日立东大实验室带头人。工学博士。专业为城市规划学、城市设计学。（前言、第1章第1节、第1章第3节、第1章第5节、第3章、第5章第1节、第6章第1节、第8章第2节、结束语）

松冈秀行

日立制作所研究开发组 基础研究中心主管研究室长兼日立东大实验室带头人。理学博士。专业为物理学。（第1章第2节、第1章第4节、第2章第2节、第2章第3节）

平井千秋

日立制作所研究开发组 东京社会创新协创中心主管研究长。知识科学博士。专业为软件工程学、知识管理、服务设计。（第1章第1节、第1章第2节、第1章第4节、第2章全部）

上村理

日立制作所研究开发组技术战略室技术统括中心产学官合作推进部首席主任工程师。专业为产学官合作、电子光学、衍射晶体学。（前言）

田井光春

日立制作所研究开发组基础研究中心、日立东大研究室主任研究员。工学博士。专业为半导体设备制造技术。（第 1 章第 2 节、第 1 章第 4 节）

谷繁幸

日立制作所研究开发组系统创新中心社会系统研究部部长。信息科学博士。专业为信息服务应用管理、服务风险管理。（第 1 章第 2 节、第 1 章第 4 节、第 4 章第 3 节、第 4 章第 4 节）

中野卓

东京大学大学院新领域创成科学研究科社会文化环境学专攻特别研究员。环境学博士。专业为城市规划学、城市调查。（第 1 章第 3 节、第 5 章第 1 节）

大岛耕平

东京大学大学院工学系研究科都市工学专攻助教。环境学硕士。专业为建筑设计。（第 1 章第 5 节）

作者一览（括号内为负责部分）

柴崎亮介

东京大学空间信息科学研究中心教授工学博士。专业为空间信息传感、模拟和服务。（第 4 章第 1 节）

堀　悟

日立制作所研究开发组系统创新中心社会系统研究部首席主任研究员。专业为系统工程、交通领域的系统及解决方案。（第 4 章第 2 节）

川村俊二

日立制作所研究开发组系统创新中心安全研究部首席主任研究员。专业为公共及行政领域解决方案及平台系统。（第 4 章第 3 节）

大方润一郎

东京大学高龄社会综合研究机构长、大学院工学系研究科都市工学专攻教授。工学博士。专业为城市规划、土地利用规划。（第 5 章第 2 节）

赤司泰义

东京大学大学院工学系研究科建筑学专攻教授。工学博士。专业为建筑环境及设备。特别是建筑、地域、城市的能源系统。（第 5 章第 3 节）

割泽伸一

东京大学大学院新领域创成科学研究科人类环境学专攻教授。工学博士。专业为人类环境信息学、纳米力学、生产工程。(第5章第3节)

羽藤英二

东京大学大学院工学系研究科社会基盘学专攻教授。工学博士。专业为交通工程、城市规划、土木规划学。(第5章第4节)

大桥弘

东京大学公共政策大学院/大学院经济学研究科教授。经济学博士。专业为产业组织论、竞争政策、科技创新政策。(第6章第2节)

渡边努

东京大学大学院经济学研究科经济专攻教授。经济学博士。专业为宏观经济学、国际金融、企业金融。(第6章第3节)

梶谷真司

东京大学大学院综合文化研究科超域文化科学专攻教授。人类环境学博士。专业为哲学(特别是现象学)、比较文化、医疗史(特别是日本近世、近代)。(第6章第4节)

中岛隆博

东京大学东洋文化研究所教授。学术博士。专业为中国哲学、比较哲学、表象文化论。(第6章第5节)

唐泽（kaori）

东京大学大学院人文社会系研究科社会文化研究专攻教授。社会心理学博士。专业为社会认知过程，特别是对人认知、自我控制、道德判断。(第8章第1节)

鲛岛茂稔

日立制作所研究开发组科技创新统括本部部长。信息理工学博士。专业为系统工程、社会基础设施系统。(结束语)